休闲体育

主　　编　屠　强
副 主 编　王东展　刘　燕　李四化
参编人员　武晓光　阳煜华　赵　琦
　　　　　高姚宾　汤　男　潘　磊
主　　审　侯广旭

中国人民大学出版社
·北京·

教材编写委员会

总 序

当前，中等职业教育“职业能力”培养的实施、课程与教学改革的推进已经越来越指向教与学这个最普通、最基本的行为，改变传统教学行为、向学科本位的教学思想宣战等说法已不鲜见。然而，在学校里，真正改变原有教与学行为方式的重要载体是教材，因此，教材建设将成为中职课程与教学改革的重要环节。为实现服务首都世界城市建设，培养高质量技能型人才的目标，北京市朝阳区教育委员会决定于“十二五”期间启动系列专业教材开发行动计划，这是全面提升职业教育办学水平的重大举措，也是区域职业教育教学改革和人才培养模式创新的重要历史任务。

本系列教材编写致力于突出“四个体现”：

第一，体现职教特色与学生终身发展需要。紧密结合社会经济发展和市场经济需求并与之相适应，关注学生认知规律和职业成长发展规律。

第二，体现职业教育课改思想。教材编写以工作过程系统化、典型工作任务为基础，以工作项目为载体，遵循“教学做合一”的基本原则。

第三，体现校企合作、工学结合的基本特征。教学内容符合岗位特点，针对工作任务训练技能，针对岗位标准实施考核评价。

第四，体现行动导向的教学思想。积极创新教学模式，遵循“以人为本”、“做中学”的教学原则，实施多样化的教学模式。

本系列教材的编写以建设现代高端职业教育为目标，以高标准、创品牌、出精品为宗旨。编写过程分为组建专业团队、全面开展培训、统一思想认识、组织团队研讨等阶段；同时经历了企业调研、专家指导、集中论证、专业把关、严格修改等必要环节。

整个编写过程，对于广大一线教师而言，是一个不断成长和发展的过程，也是一个不断拓展和提升的过程。尽管他们的专业背景各有不同，对课改的理解和内化各有差异，但是，他们都很努力地投入到课程与教学改革实践中去学习和感悟，尤其在编写过程中，他们的体验逐渐丰富，认识逐渐深化，研究水平逐渐提升。教材凝聚了职教教师在长期教学实践中的丰富经验和智慧，记载着他们不断探索、勇于创新的艰辛历程。可以说，教师们尽了自己最大的努力来表达他们对职教课改的研究和理解。

此系列教材的编写得到了北京市朝阳区委教育工委和区教委的高度重视，区教育研究中心承担了教材编写的研究、组织和指导工作，北京市部分职业学校积极参与了此项工作，一批优秀的骨干教师积极投身到教材编写工作中，并为此付出了辛勤的汗水。教材编写得到了北京教育科学研究院有关领导、专家的指导，得到了相关行业企业的大力支持，在此深表感谢！还要特别感谢中国人民大学出版社为教材出版所做的辛勤工作！

本系列教材的出版，尽管得益于众多专家的指导，经过编写团队的多次修改、加工，但受时间紧、任务重、水平有限的局限，仍然有许多不足之处，敬请批评指正！

教材编写委员会
2012 年 1 月

序　言

我国正致力于全面建设小康社会，人们的生活水平将继续不断提升，有了“时间”和“金钱”的现代人将更加关注身心健康和生活质量，而休闲体育活动正满足了这一需求。此外，北京奥运会后，体育的焦点和热点无疑过渡到了全面健身领域。可见，休闲体育有着光明的前景。为了响应时代发展的要求，作为新兴专业的“休闲体育服务与管理”专业闪亮登场，为休闲体育的推广和专业人才的培养提供了平台。对于职业高中“休闲体育服务与管理”专业的特殊人才，我们需要学习、了解和掌握哪些有关的休闲体育知识和技能呢？这是一个比较现实的问题。为了方便学生学习相关的理论和实践知识，本着全面性、系统性、可读性、实用性等原则，我们编写了本书；本书还可以作为专业人士的参考资料和休闲体育爱好者的指导手册。

本书的内容从休闲体育理论到实践，再到服务、沟通和营销，涵盖面较广，共分为五章。第一章概述了休闲体育，回答了什么是休闲体育的问题，探讨了休闲体育的沿革、特征和分类；第二章简介了休闲体育的理论和实践，理论结合了我国的国情，实践具有较强的实操意义；第三章分析了休闲体育的服务，详细论述了服务技巧，并通过实例进行辅助说明；第四章研讨了休闲体育的沟通，包括沟通的技巧，会籍顾问和私人教练的沟通；第五章阐述了休闲体育的营销，包括营销的技巧、营销人员的素质、售后营销等。

本书的形式较普通教材有所突破，在开篇时通过“导入案例”引出学习内容；在正文中通过“拓展案例”和“资料链接”强化学习重点，为了丰富知识和拓宽视野，本书加入了“知识链接”这一环节；为了强调最重要的观点和思想，本书应用了“特别提示”这一手段。另外，为了激发学生的积极性，本书还穿插了“查一查”这一栏目。

本书由劲松职业高中新源里校区屠强老师任主编，并负责全书的统稿工作；由同校王东展老师、刘燕老师和首都体育学院李四化老师任副主编，并负责修正校对；主要参与编写的人员有负责企业信息方面的浩沙健身中国区体适能培训部潘磊经理，负责教学方面的北京市第五十中学体育教研室高姚宾老师，负责实践方面的劲松职业高中职业指导处和体育组赵琦和汤男老师，负责数据收集工作的首都师范大学第二附属中学体育组武晓光老师，负责体育产业方面的北京体育大学体育产业与管理专业在读博士阳煜华老师；另外由蓝翅健身会所费子旋经理提供了场地和工作人员支持。

“休闲体育”在我国有着悠久的历史，但作为一门学科和专业，还需要不断丰满和完善。随着社会经济的发展和人们物质、精神文明水平的提高，本书的编写和出版希望能对职业高中“休闲体育服务与管理”专业的建设起到抛砖引玉的作用。由于水平有限和时间仓促，书中不免有错误和不足之处，敬请读者指正。最后，编写本书的过程中，引用和参考了大量的文献资料，在此对原作者表示衷心的感谢。

编者

目 录

第一章　休闲体育概述 …… 1
　第一节　休闲体育的定义 …… 1
　第二节　休闲体育的分类 …… 9
　第三节　休闲体育的特征 …… 15

第二章　休闲体育理论与实践 …… 24
　第一节　休闲体育的作用 …… 24
　第二节　休闲体育的理论 …… 30
　第三节　休闲体育的实践 …… 39

第三章　休闲体育的服务 …… 59
　第一节　休闲体育服务概述 …… 59
　第二节　休闲体育服务技巧 …… 75
　第三节　休闲体育服务实例 …… 83

第四章　休闲体育的沟通 …… 93
　第一节　休闲体育沟通概述 …… 93
　第二节　休闲体育沟通技巧 …… 105
　第三节　休闲体育沟通实例 …… 117

第五章　休闲体育的营销 …… 135
　第一节　休闲体育营销概述 …… 135
　第二节　休闲体育营销技巧 …… 144
　第三节　休闲体育营销实例 …… 155

参考文献 …… 165

第一章 休闲体育概述

第一节 休闲体育的定义

课前思考

1. 你如何理解休闲体育这一概念？
2. 你认为休闲体育和群众体育一样吗？

导入案例

为了更好地适应社会发展的需要和“全民健身计划”的实施，高等体育院校逐步设立了休闲与社会体育专业，随即一些职业高中（以北京市为例，就有数十家）也成立了“休闲体育服务与管理”专业，这不仅促使人们加强对休闲体育的关注，而且促进了具有社会体育指导能力人才的培养。作为一名职业高中休闲体育专业的学生，既需要接受高中的基本课程，又需要学习相关专业知识；因此，对于初学者，最为首要的问题是明确到底什么是休闲体育，它与群众体育、竞技体育和学校体育有怎样的区别和联系。

工业文明对人类的贡献之一，就是使人们得到越来越多的金钱和闲暇时间，怎样健康地度过余暇时间是每一个人都必须考虑的问题。休闲体育是大众体育的主要类型之一，具有独特的价值，它可以健身益智、消遣娱乐、自我发展，它是一种健康、文明的休闲生活方式。随着改革开放的不断深入，社会经济的迅速发展和人们物质生活水平的显著提高，我国的休闲体育得到了可喜的发展。本节将着重介绍休闲体育的定义及起源与发展。

一、休闲体育的定义

现代社会中，休闲是一股不容忽视的力量，它是现代文明生活方式的一种时尚和标志，并将在人类社会文化生活中发挥越来越重要的作用。休闲可以说是在非劳动及非工作时间内以各种“玩”的方式求得身心的调节与放松，达到生命保健、体能恢复、身心愉悦目的的一种业余生活。在英文中，休闲是“leisure”，即闲暇、空闲、安逸之意；在汉语里，休闲由“休”与“闲”二字构成，“休”与“闲”体现了两个最为基本的要素，从词源学来看，“休”是象形字，原意是“人依木而憩”，是在生产劳动时间之外的休息、休养、调整时间，即自由时间；“闲”字表示了一种心境和人生状态，是一种庄子式的“逍遥”状态。

图片来源：http://www.zxxjs.net/article/kgbk/xytp/wus/200702/69972.html。

因为体育活动本身具备健身、竞技、游戏、娱乐等特性，具有改善与发展身心的功能，所以体育活动逐渐成为人们休闲生活的一种重要方式。随着体育活动占据人们的余暇时间，休闲体育（Leisure Sports）应运而生，它追求生活的艺术化，并从中体会运动的乐趣、生活的美好。休闲体育可以理解为：人们在闲暇时间里自愿借助体育活动的形式所表现的一种休闲生活行为方式以及这种休闲生活行为方式中各种体育现象的总称。其内涵是：休闲体育是一种借助体育的休闲现象，是休闲的一种表现形式；其外延是：休闲体育包括一切以休闲为目的的体育活动和体育行为。

休闲体育与群众体育有很多相似之处，可将其看成其中的一部分；休闲体育有别于体育的其他领域，但互相有可取之处。

竞技体育的对象是运动员，目标是最大限度地发展人的运动能力，不断向人类的运动极限挑战；竞技体育的项目用于休闲活动，也可以称作休闲体育。

学校体育的对象是学生，目标是对受教育者施以运动技能和知识的教育，使其掌握体育锻炼的方法；如果将学校体育的方法用于休闲活动，形成休闲体育习惯，将使人们终身受益。

二、休闲体育的起源与发展

休闲一直是人类的一种生活方式，不同的历史时期，由于生产力发展水平的程度，休闲的形式和内容不尽相同。

在原始社会，由于生产力水平低下，人们为了满足生存需要，要进行长时间繁重的体力活动。因此，当时的休闲活动很单调，其目的也仅是舒缓身体疲劳，积累劳动能量。虽说有少许培养生产技能的体能锻炼，但没有形成真正的休闲体育。

在工业时代，由于生产力水平的猛进，人们的工作方式发生了变化，体力劳动的一部分为机械所取代，而另一部分仍为超负荷的工作所占据。工业文明带来的体力解放，促生了更多的脑力劳动者，他们终日伏案，体力活动明显减少，精神压力随着增加，形成了身心发展的不平衡。由于不平衡，便会出现“矛盾”，这就促使人们在余暇时间主动地进行某种方式的活动，调节压力、增进健康、平衡身心，这就是休闲体育产生与发展的原始动因。

随着生产力的进一步发展和工作效率的进一步提高，工作时间越来越少、经济收入越来越多，这使得休闲体育进入人们的休闲生活成为可能。人们的生活方式发生了巨大的变化，但是对健康的向往没有随之而变。人们通过学习和研究，更加深刻地理解了体育与健康的关系，基于对体育功用的认识和体验，体育运动逐渐进入了人们的休闲生活。

面向大众的现代休闲体育自 20 世纪中叶开始，先出现于发达国家继而发展到全球范围。在我国，随着改革开放和经济迅猛发展，人们的生活水平迅速提高了，休闲体育也逐渐进入了我们的生活，尽管是“小荷才露尖尖角”，但已吸引了很多人的眼球，并显示出良好的发展前景。

三、国内外的休闲体育

（一）国外休闲体育

介绍国外休闲体育的基本情况，目的在于了解经济发达国家休闲体育发展过程，借鉴成功经验，探索其休闲体育发展的前提和方式等。

早在公元前 8 世纪《荷马史诗》就记录了古希腊人的生活中有拳击、角力、赛跑、射箭及战车等竞技运动；公元 11—16 世纪，西欧贵族们的“骑士七技”教育就包含骑马、游泳、投予、刺剑、狩猎、弈棋和吟诗等内容，具有典型的休闲特征；近代体育发源于欧洲，17—18 世纪学校体育的出现为休闲体育提供了良好的基础；18 世纪末，英国的户外运动与游戏等体育休闲活动得到较快发展；19 世纪中期以来，美国人对竞技体育运动的兴趣逐渐高涨，一些项目的俱乐部大量出现；20 世纪以来，现代人进入到休闲度假时代，各国体育休闲活动形成了旺盛的生命力。

资料链接

讲到休闲体育活动，新西兰的皇后镇在世界上绝对名列前茅。皇后镇是一个有激流、有峡湾、有高山等惊险刺激的优良环境，在不破坏大自然的情况下，发展了许多惊险刺激的活动。上山、下海、飞天的玩意儿全在这里出笼。世界上第一座用于蹦极的桥，就在这里诞生。另外，3 000 多的人口数量和超过 400 种的户外项目，使皇后镇成为休闲体育的胜地，而且房价也随着这里名声飙升，为新西兰之冠。

美国《时代》杂志曾指出，2015 年前后，发达国家进入“休闲时代”，休闲将成为人类生活的重要组成部分。休闲体育的发展趋势体现在以下几方面。

1. 成为新的经济增长点

随着劳动时间的逐渐缩短和社会法律的公布，休闲体育便具备了经济功能，在消费社会中，大多数消费品直接或间接用于休闲娱乐。

拓展案例

2000 年左右，健身市场上出现了健身球，几乎一夜之间，它横扫北京健身房，一度变成“有球操课旺，无球操课亡”。原本成本为十几二十元的健身球一度卖到将近 200 元。

2. 出现新的休闲方式

随着休闲方式的普及，有更多的方式可供公众选择，人们对环境的要求更为苛刻，户外运动成为休闲方式的主流。

随着信息渠道的多元化和视听装备的多样化，网络、高保真音响等视听技术的发展也有可能将人牢牢地锁定在居室内。

3. 旅游和极限运动将成为亮点

在国际社会，旅游是仅次于信息、石油之后的第三大产业。在美国，无论是参观本地的博物馆，还是环游世界，每年都会有 50%以上的人进行旅游活动。近年来，在欧美国家，旅游表现出一个明显的倾向，即短期的、经常性的短线旅游增多。

旅游是中产阶层的象征，极限运动则是上层人士的象征。在美国，参与潜水和登山两项冒险活动的人中，年收入在 2.5 万美元以下的个人仅占 2.5%和 2.8%，而年收入在 10 万美元以上的个人占 17.6%和 6.7%。

4. 发展休闲产业

休闲产业是近代工业文明的产物，或者更确切地说它是现代社会的产物。它起源欧美，19 世纪中叶初露端倪；进入 20 世纪，随着科学技术的快速发展，与休闲相关的产业便逐渐应运而生；20 世纪 70 年代进入快速发展时期。休闲产业不仅包括物质产品的生产，而且也为人的文化精神生活的追求提供保障。

有关数据表明，美国的休闲产业已处于国民生产总值第一的位置，其就业人口占全部劳动力的1/4。政府认为，缩短工作时间，可以减少失业，政府以较少的财政支出争取公众和个人的更大支持，使休闲产业发展更快。据美国宾夕法尼亚州立大学休闲研究教授戈比预测，在稍后的几年，休闲的中心地位将会加强，人们的休闲概念将会发生本质的变化，在经济产业结构中，休闲产业的从业人员将占整个社会劳动力的80%～85%，休闲服务将从标准化和集中化转向个性化服务，人们对休闲与健康之间的关系倍加重视，应运而生的休闲教育将占教育事业的极大份额，这为休闲产业开辟了更广阔的发展空间。

资料链接

新西兰人崇尚努力工作和体育休闲生活，他们注重个人在各项体育活动中的亲身体验。新西兰宜人的气候和丰富的海陆风光为开展各种体育运动和户外娱乐休闲活动提供了条件，85%的人参加体育和娱乐活动，至少有47%的人加入一种体育、健身或休闲俱乐部；全国男子集体运动项目是橄榄球，女子集体运动项目是网球。此外，钓鱼、观鲸、滑水、骑马、登山和徒步旅行都十分盛行；寻找刺激的人们可以尝试漂流、高空弹跳、热气球飞行、喷气艇和白浪泛舟等活动；滑雪可以在南、北岛上从六月份一直持续到十月底；许多新西兰人是航空飞行员及航空迷，每年机主聚集在一起，举办“战鸟周”（Warbirds Weekend），展示他们的飞机。

新西兰的体育和休闲活动同时也是一个极具商业价值的行业，为国家带来了良好的经济及社会效益，为22 745人解决了工作问题，每年向国家交税3亿新西兰元。

（二）国内休闲体育

奴隶制时代，休闲体育的雏形已形成。先秦时代，已经有了以音乐、体育、舞蹈为基本形式的活动。汉代以后，休闲体育进入了大发展时期，成为社会性活动，出现了如踏青、玩马球、溜冰、抽陀螺、荡秋千、踢毽子等活动；宋代出现了休闲体育社团，类似今天的“同好会”或“俱乐部”；从魏晋到明朝，棋类、球类及其他休闲项目正在发展和定型；到了明清之际，休闲体育已不是稀有产物，如春天驰马、秋郊涉猎已成为固定的项目。

从19世纪40年代到20世纪初期，中国休闲体育的发展呈现一片空白。1949年后，休闲体育重新回到了中国的社会生活中；改革开放以来，中国人的休闲时尚是从交谊舞开始的，紧接着又出现了蹦迪、户外运动和健身等，如20世纪90年代最具号召力的健身口号就是“天天跟我做，每天五分钟”；从20世纪最后的20年到今天，中国休闲体育几乎没有盲区，国外有的我国都有。未来我国休闲体育的发展将体现出以下鲜明的特色。

1. 深入生活

我们注意到20世纪90年代，观赏体育竞赛的表演占主要份额，而近几年参与体育休闲活动占消费份额的比例逐年升高，预计在未来，休闲体育成为休闲的主要内容和消费对象。这种变化趋势明确地提示我们，休闲体育将更广泛、更深入地介入中国人的生活，成为基本需求之一。

2. 更为专业性、个性化和商业化

通常我们认为休闲体育应该十分随意，对参与的要求较多而对技术水平则无所谓。但是近年的社会实践表明，个人掌握的休闲项目技术日益精湛，在个别项目上已经直追专业水平，如登山项目。

中国社会正以前所未有的速度融入国际社会，重视个性化发展已经成为一种基本的社会特征，休闲体育也不例外。同时，我们也注意到休闲体育也越来越社会化。当休闲体育刚刚在我国出现时，多样性使休闲体育的发展出现了无序的状态。但是，许多有着共同爱好的人逐步聚集起来，组成同好会、俱乐部等组织，互相交流经验。

商业利益是几乎所有社会活动的主要推动力，围绕着休闲体育项目可以展开相当广泛的商业群体。例如，我国的体育旅游业在一定程度上已经形成了自己的商业体系，以体育旅游观光为龙头的餐饮、住宿等服务群体基本成型，相关的制造业更是高速发展，进一步的发展趋势表明其辅助业务将涉及更广泛的领域，已有的内容也将更加完善，显示强劲的发展势头。

资料链接

休闲体育的发展不仅受经济水平的影响，社会意识形态和价值观的发展对休闲体育的作用也不可忽视。体育项目的专业精神作为体育文化的一部分也逐渐为爱好者所接受，从而导致相应价值观的转换。例如，登山是一种冒险性的体育活动，作为专业运动员，这种危险属于基本的职业风险，专业运动员发生山难事故虽然令人痛心，但不会引发广泛的社会争论。然而近年来业余登山爱好者的山难事故（新京报，2010 年 12 月 20 日，《复旦驴友登山遇险救援过程公布，无向导穿越野黄山》；北京日报，2011 年 4 月 5 日，《大学师生登山遇险，北京警用直升机首救被困者》）引发了广泛的社会争论，以休闲的态度从事危险的运动的确对人们的价值观产生了巨大冲击，生命的价值到底是什么？休闲的代价要控制在什么范围才合适？这种转变也许不是今天的中国社会可完全接受的。但是，越来越多的业余爱好者不断地进行越来越专业的尝试，这一现象本身已经给出了答案。休闲体育的发展不仅仅局限于社会物质和产业化等物质层面，其进一步的发展涉及社会的和个人的价值观。

3. 重返教育的殿堂

早在 1983 年，著名学者于光远在旅欧归来途经澳门时就曾指出：“我国对体育竞赛是很重视的，但体育之外的竞赛和游戏研究很不够。在中国的高等学校中没有一门研究游戏的课程，没有开一门游戏专业，没有一个研究游戏的学者。这不是什么优点而是缺点。”1994 年他在广州讲学时又进一步指出：“玩是人类基本需要之一，要玩得有文化，要有玩的文化，要研究玩的学术，要掌握玩的技术，要发展玩的艺术。”随着人们对休闲认识的提高，人们对休闲生活需要的不断增强，休闲文化已经重返中国教育殿堂，休闲体育进入教育阵地也已经开始。21世纪初，为适应社会对休闲体育的需求，各体育院校、大专院校体育系、职业高中陆续开设了休闲体育专业，培养出休闲体育的研究、指导、组织和经营人才。

资料链接

进入五月，在众多初三学生备战时，有一批学生提前做出人生选择，走入职校。选择职业技术学校代表着他们能够凭借一技之长，比同龄人更早地走上就业岗位；在校期间，他们认真学习知识和掌握技能后，还可以考入高职院校，实现大学梦。在职校的众多专业中，哪些专业更具优势？

高尔夫作为新兴的朝阳产业，近年来在国内得到了高端人群的普遍认可。在高尔夫运动盛行的同时，高尔夫运动助理专业的学生在人才市场上也最为抢手。如沈阳市信息工程学校（原沈阳市计算机学校）开设高尔夫运动助理专业三年来，已有近200名学生（在校高三年级学生及毕业生）在全国多家高尔夫球场顺利就业。该专业学生在校期间主要学习包括高尔夫器械使用与维护、休闲体育指导基础与应用、高尔夫体育服务、休闲体育服务礼仪、体育保健等课程。为了让学生更好地掌握技能，学校还投巨资兴建了小型高尔夫球场。该专业全部为订单班，学生就业情况非常好，学生毕业后月薪普遍可达到3 500元～10 000元。

资料来源：http://new.liao/.com/elec/，2011-05-16。

4. 营利性服务组织结构大幅度增加

在休闲文化发达的美国，休闲服务分别由政府、非营利性服务机构及营利性机构来实施。其中，95%都是由营利性服务机构承担这些休闲服务。我国随着思想的进一步解放，体育的社会化、产业化程度逐步增加。21世纪人们的文化素质显著提高，选择健康的休闲体育已在情理之中，“花钱买健康、花钱买休闲”的观念已深入人心。随之，休闲体育营利性服务组织机构将大幅度增加，带来了体育旅游、休闲体育产品以及娱乐活动等。

5. 内容多样化、自然化

21世纪是一个多元化的世纪，休闲体育也不例外，就其内容而言，既有对场地和经费投入要求不高的传统体育，如武术、气功、散步、跑步、徒手体操等；也有需要一些专门场地和设施、需要一定投入的现代体育，如网球、游泳、旅游、家庭器械健身等；还有对场地、设施、投入要求都很高的新潮体育，如高尔夫、保龄球、赛车、摩托艇、登山、热气球、滑翔等，适合不同年龄、爱好、生活水平的人们。21世纪是信息大爆炸的高科技时代，人们需要回归自然。因此，休闲体育多倾向于在大自然中进行活动：陆域——以山林野外为背景的登山、攀岩、定向徒手越野、郊游、山地自行车运动、野外旅行、探险、滑雪、滑冰、雪上摩托等；水域——划船、赛艇、帆船、水上摩托、潜水、冲浪、滑水、钓鱼、游泳、漂流等；空域——滑翔、跳伞、热气球等。

资料链接

我国蕴藏着丰富的户外运动资源，如我国的湖泊、水库面积近30万平方公里，可以开展多种水上运动；我国的森林面积为1.95亿公顷，山地面积为320万平方公里，可以开展野营、登山、徒步旅行、冬季项目等体育活动；我国的河流流域面积近100万平方公里，海域面积近300万平方公里，可以开展旅游、划船、冲浪、沙滩排球等活动。

因此，这有助于体育与旅游融合，满足体育旅游的高速发展。体育旅游满足了人们新的休闲旅游理念，即从单一到复合，从疗养到健身，从欣赏到体验参与等。以北京市为例，北京具有丰富的旅游资源，为开展登山、攀岩、定向越野、划船、漂流、潜水、沙滩运动等提供了场所；还拥有多彩的传统体育项目和文化风俗，为了解民族体育的体育旅游提供了平台；另外，北京市的体育场地投资及数量居全国首位，具有高规格的比赛场馆，可以举办各种水平的比赛，为观看比赛的体育旅游提供了条件。

资料链接

垂钓是一项独具魅力的休闲娱乐活动，古往今来，不少名人为其乐此不疲。晋代诗人陶渊明隐居时，垂纶养性，怡然自得。一次，他得知好友郑次都钓鱼去了，便立即赶了去，拿起渔竿垂钓，并赋诗曰："郑叟不合，垂钓川湄，交酌林下，清言究微。"

唐代诗人李白喜欢钓鱼，他常"闲来垂钓碧溪上"。一次，他到安徽贵池游览，钓兴大发，坐在一河畔江祖石上，垂纶碧流，潇洒脱俗。著名的太白钓台就源于此。唐代诗人张志和被贬官隐退时，垂纶江湖之上，相传十年不归，自称为"烟波钓徒"；他在《渔歌子》中写道："西塞山前白鹭飞，桃花流水鳜鱼肥。青箬笠，绿蓑衣，斜风细雨不须归。"唐代大诗人柳宗元是位垂钓高手，他用"千山鸟飞绝，万径人踪灭。孤舟蓑笠翁，独钓寒江雪。"寥寥几笔，勾画出了一幅寒江独钓的画卷，表现出诗人浓厚的钓鱼兴趣，可谓垂钓近痴的写照。

宋代的陆游晚年一直以垂钓、创作为乐，一生有关钓鱼的诗词有700多首。他是一位夜钓高手，时常"江边有月夜投竿"。陆游还谙熟傍晚和雨后钓鱼，有诗曰："日落苔矶闲把久，雨余篷舵乱堆蓑。"

明太祖朱元璋爱好钓鱼，不过钓技太差。一次，他携才子解缙去钓鱼，可好长时间没有一条鱼上钩，朱元璋面露愠色，解缙灵机一动，献了一首诗曰："数尺丝纶落水中，金钩抛云永无踪；凡鱼不敢朝天子，万岁君王只钓龙。"顿使朱元璋由嗔转喜。明代江南才子唐伯虎是一位寄情烟波的钓客，从他的作品中便可见一斑："烟水孤篷足寄居，日常能办一餐鱼。问渠勾当平生事，不弄纶竿便读书。"

清代乾隆皇帝爱好旅游和垂钓。他下江南时，曾先后在杭州西湖、扬州瘦西湖钓过鱼。至今，瘦西湖中还留有乾隆皇帝的钓鱼台。

叶剑英元帅与钓鱼有着不解之缘，曾留下“轻波垂钓叟，昔日弄潮童”的名句。1983年，中国钓鱼协会成立，叶帅担任了协会名誉主席。

资料来源：http://www.marketdaily.com.cn/，2002-12-28。

第二节 休闲体育的分类

课前思考

1. 你听说过哪些休闲体育活动？
2. 哪些休闲体育项目有共同点？

导入案例

澳大利亚休闲体育的发展领先世界，如划船、滑板、冲浪、滑雪、攀岩、骑马等时尚休闲类项目深受人们喜爱；日本的休闲体育因人口密集而以郊外休闲体育的广泛开展为特色，重视滑雪、登山、海水浴、潜水、郊游等活动；美国人多喜好户外休闲活动，如徒手行走、观光、郊游、体育比赛、划船、钓鱼、野营、登高等活动，最受青睐的是高尔夫球运动；在国内，休闲体育有着悠久的历史，人们热衷选择传统休闲体育项目的同时，如太极拳、空竹、风筝、龙舟、舞狮等，还积极尝试着外来活动的形式，如高尔夫、网球、攀岩、跆拳道、体育舞蹈等。2006年年初，胡润在富豪生活方式的调查中显示，旅游、游泳和高尔夫成为中国富豪们最为青睐的三种休闲方式。那么，这些休闲体育项目有没有共同特点？能不能进行归类？

休闲体育不是一类具体的项目，而是体育的一种社会存在形态，包括各种各样的体育项目和活动。按照人们参与休闲体育活动的动机和目的，可把众多的休闲体育活动划分为以下几类。

一、健身塑型类

健身塑型活动是为了个人保持自身机能的良好状态，促进身体健康生长发育，增强和发展个人体质水平的活动。这类活动完全是个人在休闲时间从事的塑造自身并努力使自己成为更好的人的活动。随着时代的发展，人们强身健体的目的也发生了变化，由原来的“活得更健康、更长寿”发展成“追求身体外部形态和身体姿态的完美”，体现出参与者受更高层次的需求所驱使，即审美意义的需求。

资料链接

休闲健身的方式，不仅属于个人的兴趣，而且在一定程度上体现出民族的文化特征。纵观世界各国，各种时尚健身活动五花八门，其中不乏值得借鉴者。

澳大利亚：与鸵鸟一起休闲

近年来澳大利亚人屡发奇想，设计出种种与鸵鸟为伴的休闲健身项目。最受欢迎的莫过于乘鸵鸟拉的四轮车在原野上兜风，新鲜的空气、温暖的阳光和满眼绿意使人心旷神怡；另外一些澳大利亚人干脆与鸵鸟赛跑，"陪跑"的鸵鸟会耐心地陪着主人，大大减少了人在长跑中的寂寞，增加了新鲜感。

加拿大：学鸭子在水里扑腾

水中练习跑步是加拿大人的"发明"。在水中虽然"跑得气喘吁吁"，却很难跑动。练习者垂直悬浮于水中，鼻孔仅比水面稍高一些，手脚在水中猛烈划动，好像鸭子在水中扑腾，样子笨拙可笑。目前这项新型休闲健身运动正得到越来越多人的垂青，仅在渥太华，每天参加此项运动的人就超过3 000人，其中一半是15～30岁的青少年。

法国：旱冰滑到大街上

法国人酷爱滑旱冰，春季更是旱冰一族大显身手的时候，他们在人行道上轻松自如地滑行前进，成为大街小巷一道亮丽的风景线。据统计，法国滑旱冰的人数已达到2 000万。

资料来源：http://www.sportsol.com.cn/，2007-01-14。

二、体育娱乐类

我们把具有一定程度的身体练习，又能在活动过程中使人获得愉悦情感的娱乐形式称为体育娱乐。体育娱乐活动的基本构成素材之一是人类特有的游戏活动。就人类而言，游戏能体现一个人的想象力和创造力，它们使人类对自由的探求达到了一个新的高度。因此，游戏不再有实用的目的，而出现审美与自由的意味。体育娱乐活动的主要目的在于愉悦身心，并不管它来自生理还是心理，抑或是来自活动场景。

资料链接

为促进群众性体育事业的蓬勃发展，丰富大众文体生活，调整现代化都市紧张高速的生活节奏，引导人们科学文明、健康向上的娱乐休闲方式，北京市体育记者协会、北京市社会体育管理中心、北京娱乐信报、上海姚记扑克有限公司联合主办了"姚记扑克"杯北京扑克大赛。本项赛事益智健脑，历时半年，设桥牌、升级、拱猪、斗地主等玩法，分两个阶段进行，第一阶段在100个机关、团体、企业、社区、大学进行区域专场预赛，冠军组成代表队，进入第二阶段全市总决赛。该项赛事具有较强的娱乐性，对增强团队精神、增进同事交流、构建和谐社会有积极作用，深受大众喜爱。

资料来源：http://www.sportsol.com.cn/，2006-05-18。

三、放松类

现实生活中的人们，总处在具有一定压力和紧张度的环境中，摆脱压力和紧张的期望成了每个人的心理需求。放松是休闲的主要目的所在。法国作家罗歇·苏认为："如果没有生理和精神的恢复，就不可能有休闲，从这个意义上说，这可能是最必要的功能。放松意味着休息和解放。一天工作后积累的紧张和劳累的消除，也是对个人约束和限制的心理解放；还有义务的解放，不单是属于工作的，而且是属于它需要或应该完成的义务。"

资料链接

传自印度的瑜伽已经逐渐被生活和工作压力越来越大的都市人认可并接受，成为一种大众化的健身及放松神经的方式。著名瑜伽师王媛教练介绍，瑜伽在梵文中的实际意义是指心神一致、意念集中地去做某一个特定的姿势。

瑜伽是一种自我治疗方法，它借由一些扭转弯曲伸展的静态动作及动作间的止息时间，直接刺激神经和肌肉系统，对失眠、头痛、偏头痛、神经衰弱、肩周炎、腰背痛、颈椎病、中风、高血压、胃肠疾病等都有治疗作用；瑜伽能增强体内代谢功能，使身体富有弹性并充满活力，改变人的亚健康状态，还能促进儿童智力发育；瑜伽的冥想还有镇静神经的功效，可减轻消极情绪，治疗失眠、记忆减退、心绪混乱、抑郁症、神经衰弱等疾病。

资料来源：http://epaper.jinghua.cn/，2002-07-15。

四、消遣类

消遣，字面意思是消闲排遣，它是指用自己感受愉快的事来度过空闲时间；"消遣"这个词词义最接近"休闲"，休闲和消遣都含有寻找乐趣的意思。人们可以通过消遣活动带给自己生活的方便，使自己感觉到舒服，并达到身心上的调节。消遣可能有些"享乐主义"的味道，而现代休闲本身也具有满足人们日益增长的享受需要的功能。随着时代的发展，社会价值观、伦理道德观的改变，消遣与休闲一样，逐渐被人接受，人们开始正确地理解和重新构建自己的生活内容。

资料链接

2008 年，飞镖在上海不过是啤酒馆、酒吧里的休闲消遣活动，如今已走入校园课堂，成为学生体育课上的新选择。为期 4 天的“徐家汇商城 · 2010 年 IDF 飞镖世界杯赛”在上海徐汇游泳馆落幕，中国队阵营中有不少书卷气十足的中学生。飞镖在徐汇走了一条什么样的路？

中国青少年飞镖训练基地、上海徐汇中学体育教师范建锋介绍，“区里把飞镖列为一区一品，体育局和教育局将我们学校列为首批试点学校，赠送了一批软式飞镖设备，推广飞镖项目。我们主要通过两种形式开展：在初中 3 个年级（预备班、初一、初二）设置飞镖队，训练每周 3 次、每次两节课；在高中则开设体育拓展课，每周 45 分钟兴趣班”。

不少家长质疑，孩子学飞镖会不会影响学习？校方为此特意做了一次跟踪调查，经过一学年成绩统计，练镖孩子的成绩呈“先期稳定，后期持续上升”的趋势。家长也发现，爱上飞镖的孩子们逐渐告别电脑游戏，开始在运动中寻找乐趣。范建锋认为，练镖能提升学生的专注力，“刚上手时，孩子都是吵吵闹闹，入行后他们都很专注，也很认真，一点声音都没有”。此外，飞镖重礼仪、看仪表、讲诚信，练镖者的举止更“绅士”。

资料来源：http://whb.news365.com.cn/，2010-12-05。

五、竞赛类

与竞技体育的竞赛有所不同，休闲体育中的竞赛活动仅是休闲的一种形式。休闲体育中的竞赛活动更多地强调活动的过程和活动的形式，对于活动的结果并不是十分在意。每一个参与者都有展示自我和自我实现的需要，同时也期望了解他人；而通过竞赛活动可以展示和表现自我，也可以通过他人的表现去了解和认识他人。

六、交际类

在工作环境中，人际交流的自由度和灵活性会因劳动纪律和规章制度而受到限制。但是在休闲条件下，人们的自由度比较大，人际交流充满了愉悦感和实效性。因此，休闲活动是人际交往的最好时机之一。在各种休闲活动中，休闲体育首当其冲，它能够给人一个更大的想象空间和自由领域。活动中，高低贵贱没有了，职业差异也消失了，彼此之间的隔阂在自由和平等的环境中消除了。如果人们都愿意接受活动的规则，轻松的活动会使彼此之间的交流变得更加畅通。

七、探新求异类

人们普遍有追求新异的心理倾向。小康社会中，经济的发展和科技的进步使得生活和工作方式发生了变化。对于多数人来讲，工作与生活总是有条不紊、按部就班地进行着，缺少新意。因此，人们的探新求异的需要有可能受到了压抑，而释放的渠道往往只能在休闲时间中去寻找。现实生活中，人们通常选择休闲活动来满足自己的这种需要。休闲体育中有探新求异的活动，其中属于运动性的活动常常被用于对自然界的探寻。其好处有两点：其一，这些活动远离那些熟悉而枯燥的生活和工作环境，参与者在新异环境中能体会到心旷神怡；其二，新的方式、新的情景、新的物体等，无疑会让参与者产生极大的新颖感，同时满足参与者探新求异的需求。

资料链接

户外运动，是一项在自然场地举行的一组集体项目群，其中包括登山、攀岩、悬崖速降、在野外露营、野炊、定向运动、溪流、探险等项目，户外休闲运动中多数带有探险性，属于极限和亚极限运动，有很大的挑战性。参与者可以拥抱自然、挑战自我、探新求异。

资料来源：http://baike.baidu.com/view/17580.htm。

资料链接

如今，“泛”式词汇似乎很潮，如泛文化营销、泛皮草主义、泛创业时代……就连风靡全球的户外运动，也被冠以“泛户外”。只不过“泛户外”更为广义，即任何一项走出家门的运动都可以被称为户外运动。“泛户外”将从事体育运动的户外运动拓展至从事户外休闲旅游的活动，从而使“户外”概念被颠覆，“户外”产品自然也被扩大，“户外”产品的消费人群更是被无限放大。与此同时，大大小小的户外运动俱乐部也在全国飞速猛增，使得户外运动用品销售更是当仁不让地成为一项朝阳产业。其中，作为泛户外运动休闲服饰潮流的杰出引领者，北京环宇兴通国际企业管理有限公司旗下的麦迪逊品牌，被誉为“2010年最具发展潜力休闲运动品牌”。

资料来源：凤凰网财经。

八、寻求刺激类

大多数人的生活总是平平淡淡的，周而复始的生活和工作让人厌倦，人们渴望通过适宜的刺激增添生活的乐趣。休闲体育领域中有许多活动具有刺激性，这类活动有一定的难度，对参与者的能力和胆量具有一定的挑战。这类活动能够使参与者产生兴奋、紧张、激动等情绪体验。参与者置身于这样的情绪状态中，对活动本身也更加倾心、更加着迷，进而热衷于此类活动。虽说是刺激性活动，人们也不能肆无忌惮，在寻求和进行刺激活动的同时，还应该遵守相应的社会法则和伦理道德。

如今盛行的网球、保龄球运动属于哪类休闲体育活动？

◆ 查一查

资料链接

枯燥繁忙的工作之后，人们总希望能够体验刺激的休闲方式来放松自己，但是有时候追求刺激也不能过度！美国媒体就评出了世界八大最恐怖的体育项目，即美国大峡谷的“死亡电动车”，美国的“瀑布飞船”，西班牙的“观音坐莲”，美国的“死亡跑道”，美国迪士尼公园的“升空电梯”，美国的“高空座椅”，加拿大公园的“云霄飞车”，美国的“高空游乐园”，这些项目绝对充满刺激，看一眼就会让你头晕目眩！如果有机会，不妨尝试一下这些惊险刺激的运动吧。

资料来源：http://club.topsage.com/thread-2205419-1-1.html。

死亡电动车

升空电梯

高空游乐园

除上述的分类外，一些学者根据目的将休闲体育分为：被动型休闲体育，如没有身体直接参加的各种观赏性体育活动；健身类休闲体育，如各种健身走、健身跑和健身跳等活动项目；娱乐型休闲体育，指个体按自身兴趣爱好活动，内容包括钓鱼、狩猎、登山、旅游、下棋、舞蹈等；促进个体社会化类休闲体育，如各种球类活动等。

根据参加休闲体育时的身体状态，可分为：观赏型休闲体育活动，包括观看各种关于体育运动竞赛的活动；陶冶性情型休闲体育活动，如各种棋牌游戏、钓鱼等活动；运动型休闲体育活动，它是休闲体育的主体，可分为两类，第一类是现代竞技运动项目类休闲体育活动，第二类是各种以自然内容为主的休闲体育活动。

另外，还可以分为：自娱性体育项目，如高尔夫球、保龄球、网球、乒乓球、羽毛球等；娱他性体育项目，如足球、篮球、赛车等。

第三节　休闲体育的特征

课前思考

1. 休闲体育是否具有共同的特征？
2. 以你对休闲体育的了解，你能简要归纳出哪些特征？

导入案例

徐先生，36 岁，公司白领，业余时间喜欢打网球。他认为："网球有很多优点。首先，新兴。网球是世界上新兴的、最流行的运动项目之一；独特的网球文化使得网球运动成为现代人崇尚的生活方式之一，人们逐渐参与到网球活动中来。其次，时尚。网球运动适合于都市人群，它是一项绅士运动，打网球者常给人们一种温文尔雅的感觉。再次，普适。网球运动能在 3～90 岁男、女之中普及，由于网球运动的运动量和运动强度可调控，不同的人群可以根据自己的身心情况进行活动。最后，解压。在网球运动中，需要排除杂念，快速奔跑击球、大力扣杀等活动可以把一天的疲劳、困扰等挥洒一净，使身心得到放松；还可以在击出了一个好球或失误的球时，充分咆吼、跳跃等，从而宣泄出你的压力。"

"休"作为"非劳动时间"是客观存在的，"闲"作为一种心境是主观境界，二者构成了休闲最为显著的特征。把休闲与体育相连，最为浅显的理解就是，"休闲体育"是人们在"非劳动时间内（自由时间内）进行的体育活动"；休闲体育同样有着客观和主观两个显著特征：一是时间性，即在"自由时间"内进行；二是主观上有追求"悠闲自在乐逍遥"人生境界的目的，或者获得、达到"闲情逸致"的心境，或者称之为"对人生幸福状态的主观体验"。具体来说，休闲体育有如下特征。

一、时代性

休闲体育的产生和发展受一定历史阶段和一定文化背景的影响。因此，不同的历史时期，会有不同的休闲活动方式和内容。但无论在什么样的时代，体育活动总是可能出现在社会中，成为人们乐于接受和参与的休闲活动方式。

体育休闲活动是社会文明的表现形式，在许多情况下，与社会科学技术的发展水平密切相关。本世纪流行的体育休闲活动与上个世纪初有了极大的变化，今天的体育休闲活动往往是与科学技术和材料革命的结合，而过去的活动可能更倾向于身体的自然活动。

二、时尚性

当今社会，参与休闲体育已经成为一种时尚。舍勒贝格从两个方面表述时尚：一方面，人们通过参与体育休闲活动来表明自己与某个社会阶层的平等性；另一方面，以此标明自己与另外某个阶层之间的差异。也就是说时尚具有双重性。

参与者和休闲体育本身完全具有现代时尚的几个重要的双重性特征。如休闲体育不在乎物质的和实际的东西，却始终离不开这些具体的东西；对待休闲体育，人们的态度有积极参与和完全无所谓两种；人们总是想逃避责任，但是在休闲体育中又不得不承担责任等。时尚性是一种社会事物与社会发展的趋势和社会需求协调统一的表现，社会物质文明的发展和精神文明的进步逐渐加强了人们对体育的需求。体育能体现出青春活力，又能产生愉悦的情感体验，形成良好的交流和互动，还能宣泄浮躁的情绪和发散多余的精力，所以一直以来，体育是青年人的时尚。随着休闲活动的出现和开展，这种时尚涉及的人群大大扩大了，无论年龄大小，不管性别差异，人们可以尽情地享受休闲体育，体会其时尚性。

三、流行性

流行性是指社会上的某种事物具有了十分广泛的影响，并形成一种时尚性的外在表现，流行通常是时尚的结果。小康社会中，人们的物质生活和精神生活得到了前所未有的提高，休闲活动已经深入诸多角落，成为人们日常生活的组成部分，在众多的休闲活动中，休闲体育因其本身的特点和功能，渐而成为人们休闲生活的首选。

休闲体育的流行性可以表现在活动项目的迅速风行于世、风靡一时，接着又悄然消失。一种休闲活动会在很短的时间里在某个地方流行起来，成为人们热衷的活动，例如呼啦圈的流行。休闲活动流行性的另一个重要方面就是受众人追捧之后的销声匿迹，取而代之的是令人再次赏心悦目的休闲体育活动。

休闲体育的流行性受制于人的自由时间和人性的特点。休闲体育的最大特点就是能够打发人们的自由时间、满足人们的需要、培养人们的性格等，这些内容恰恰与休闲体育流行性的影响因素不谋而合，选择和开展某项休闲体育活动必然会促进其流行性的出现。

周而复始也是社会事物发展和变化的规律性特征，休闲体育也是一样。可能一段时间过后，曾经流行后又消失的某项休闲体育活动会再次流行起来，并为人们所广泛接受。

资料链接

从美国街头文化发展而来，由詹姆斯·布劳德（James Broad）开创的街舞、法国人大卫·贝尔（David Belle）发明的跑酷都是休闲体育的一部分，同时又是深受当前各国青少年喜爱的时尚运动。

街舞最早为中国人所认识是源于1984年的一部进口影片《霹雳舞》，而后风靡中国，街舞俱乐部从那时起就开始发展。著名影星孙红雷、歌星沙宝亮都曾练习过当时国人称之为霹雳舞的街舞运动。

而跑酷最早在世界上得到认识，是因为由法国著名导演吕克·贝松（曾导演《这个杀手不太冷》）导演的跑酷题材的影片《Yamakasi》（中文译为：《企业战士》）。而后跑酷被广大中国观众接受，尤其是被年轻观众所熟知，是因为电影《B-13》（中文译名：《暴力街区》）。跑酷从此就成为很多年轻人追捧的一项流行的休闲体育运动。

四、参与性

休闲体育是一种实践性非常强的社会活动，它最为重要的就是需要人们的亲自参与，并在活动的过程中获得或体验某种感受，也可以通过自己的活动去表达自己的想法和观念。如果没有设身处地的参与，人们就无法得到所期望的感受，也不能完整地将自己表达出来。有些人将观看体育比赛或体育表演也归入休闲体育的范畴，他们认为休闲体育可以分成参与型和观赏型两大类。从本质上讲，这种界定是不完全正确的，观赏的方式应该属于文化休闲的范畴，不能纳入体育休闲之中。我们知道，观看体育比赛这种形式和观看文艺表演没有很大的区别，尽管有时候与观众之间有互动，我们也不能认为这是观众在比赛或在表演。

休闲体育应该是参与者亲身实践的过程，具有参与性。事实也是这样，休闲体育之所以能够实现其各种价值和功效，主要是通过活动过程本身体现的。

五、自发性

自发性是自觉意识的体现，现代人有很强的自觉意识，人们对其的支配权可以在休闲活动中表现出来。随着可支配自由时间和金钱的增加，休闲活动已成为每个人的生活权利和组成部分。休闲体育是人们在休闲时间进行的自发性主体活动，它完全是出于个体或者群体的主体需要，在可以自由支配的时间里进行活动，没有强制性，因此不会出现被动或者非自愿的情景。

由于参与主体在活动中是自觉自愿的，这样能直接满足参与者身心发展的需要，在兴趣和爱好的激励下进行持之以恒的活动，形成“出现需要—得到满足—产生更大需要—得到更大满足”的良性循环。

六、层次性

对休闲体育活动而言，以下这几种层次的划分有着十分重要的意义，也可以体现休闲体育研究的视角和内容。

（一）活动人群的年龄层次

每个人都有自己的需要和爱好，其层次性也由此体现。由于不同年龄段的参与者的不同需要，将会对休闲体育方式的选择产生直接影响。对于儿童少年来说，他们对一些新奇的个人活动，如轮滑、小轮车等项目比较感兴趣；对于青年人来说，更喜欢一些有一定挑战性和对抗性的活动，如足球、篮球、羽毛球、网球等；对于中年人来说，更倾向于活动的品位和档次；而老年人则倾心于互动性较强、活动量不大的项目。一般来讲，年龄因素是进行休闲体育分层的主要因素。

（二）活动内容的难易层次

一些参与者会依据休闲体育活动内容的难易程度进行选择，如果个人运动能力较强，可以选择需要技术标准较高的项目；如果运动能力较差，也可以选择技术标准较低的康体项目，能够充分满足人们对活动内容的层次要求。

（三）活动方式的消费层次

这是具有明显的社会性特征的一种分层，它与参与者社会身份和阶层的表征有着密切关系。参与者须拥有相当大的财力，才有可能从事某些高消费的休闲体育活动，具有炫耀性消费特征。但是，大多数的休闲体育活动方式不需要那么高的消费，适合于社会大众阶层，具有实用性消费特征。休闲体育有这样的一种演化趋势：我们可以看到许多形式的消费，如保龄球、网球等，在问世之初很奢侈化和贵族化，但随着社会的发展和人们生活水平的提高，慢慢地经济化和大众化起来。

资料链接

国家体育总局科研所研究员蔡俊五认为，时尚体育活动之所以魅力无穷和发展迅猛，因为其具备十大特征。

第一，流行性。时尚体育在社会上比较流行，身体力行、亲自参加的人比较多，为之提供商业服务的厂商也比较多，因而能够形成规模和潮流。

第二，新颖性。崇尚新颖是现代人特别是年轻人的共性。只有新颖独特的项目才能形成更大的号召力和冲击波，吸引人们去尝新，去实现自我追求和自我价值。

第三，趣味性。时尚体育大都具有趣味性，也就是好玩，可以满足不同性别、年龄、层次、特长和兴趣爱好的人群的不同需要，让人从中得到极大的乐趣。

第四，多功能性。时尚体育具有多种功能，能够同时满足调剂生活、亲近大自然、缓解身心疲劳、增进健康、陶冶情操、追求欢乐和刺激、促进人际交往等多方面的需要。

第五，竞技性。几乎所有的时尚体育项目都具有一定的竞技性，都有比较完善的游戏和比赛规则，可以进行比赛。

第六，文化性。有些项目具有丰富的文化内涵，品位高雅而又时尚，能给从事时尚体育的人带来一种高尚的文化享受。

第七，教育性。时尚体育具有趣味性、多功能性、竞技性、休闲性和文化性等特征，也具有一定的教育意义，能锻炼现代人所必备的意志和品德。

第八，休闲性。时尚体育实际上是一种面向所有人的、功能齐全、富有情趣的休闲手段，能够给人们带来发自内心的快乐，可以满足人们休闲的需要。

第九，开放性。由于时尚体育项目是在一定时期内流行的项目，因此，它是不定的、开放的，而不是一成不变的、封闭的。

第十，商业性。时尚体育项目对运动器材和场地有一定的要求，需要提供专业性服务，这些为项目的普及推广创造了良好的客观条件，同时也为发展体育产业、增加就业人口和扩大内需做出了一定的贡献。

拓展案例

杜小姐是海归派，在国外时，她经常进行休闲体育活动。某日，她去了国内某康乐体育中心，询问服务员："在国外，很少有人说到康乐体育，一般都是说休闲体育，这两者有区别吗?"服务员宋欢向杜小姐解释："小姐您好，其实并没有严格意义上的区别，无论说是康乐体育还是休闲体育，其目的都是促进参与者的身心健康和全面发展的，只是叫法不同，而且在有些书中介绍到康乐体育时也就是指休闲体育。"

杜小姐又问："休闲体育都有哪些活动项目?""休闲体育形式不拘一格，内容丰富多彩，从传统活动到时尚项目都有，主要可以分成健身、娱乐、竞技、放松、消遣、探新寻奇和寻找刺激等活动，具体来说有比较流行的瑜伽、水中健身操、体育舞蹈、保龄球等，不知道您是否喜欢?"宋欢回答说。

杜小姐说："我觉得水中健身操挺好的，你能帮我安排一下吗?"宋欢说："当然可以!"

对于休闲体育服务人员来说，最重要的是休闲体育的基本理论常识，如果没有这些知识，可能回答杜小姐就显得捉襟见肘了，不但满足不了杜小姐的需求，还很有可能失去一位潜在的顾客，进而影响到中心的声誉。

知识链接

一、我国休闲体育兴起的社会背景

要想分析当代我国休闲体育兴起的社会背景，应该在一种广阔的社会生活视野下对休闲体育进行定位，即：(1) 空间定位——休闲体育的兴起源于科技发展带来的休闲需求浪潮；(2) 时间定位——市场经济与社会转型构成休闲体育成长的肥沃土壤；(3) 体育定位——休闲体育的兴起与发展是以休闲时代到来为前提的。

(一) 空间定位

科技的发展和生产力的提高促进了社会的进步，人们的生活水平与生活质量得到了改善，生活方式越来越丰富多彩。生产效率的提高，使得劳动者的体力劳动减少，且拥有了更多的休闲时间；但是与此同时信息时代来临并存在激烈的竞争，劳动者的精神压力却增加了，这些都促使人们主动寻找促进身体健康和调节心理压力的休闲方式。

在这种背景下，作为一种社会文化现象的体育，以其独特的价值、功能和作用正吸引着越来越多的人的关注。因此，以健康、娱乐、竞技、休闲为主要目标，带有积极主动、自由平等的主观态度的体育，走进了人们的休闲生活，休闲体育应运而生。

(二) 时间定位

当代中国，正处于市场经济和社会转型的特定历史时期，基础性结构上：当代中国社会正由农业向工业社会转型；前导性结构上：当代中国社会正由工业转向信息社会；经济体制上：当代中国社会正由计划经济转向市场经济。

在这一时期，社会生产力高度发展，为人的全面发展创造了条件。闲暇时间增多了，人们可以从劳动中脱离出来，加上生活水平的提高，人们有时间、有金钱、有精力从事更丰富的活动，休闲活动需求明显增强，休闲体育需求日益高涨。

(三) 体育定位

随着我国进入到小康社会，人们的生活及体育观念发生了巨大变化。人们的闲暇时间增多，体育消费的总量扩大，提高生活品质和体验人生经历的观念备受推崇。这也标志着社会正迈向休闲时代。传统纯粹的体育健身观念，已向健身、健智、休闲、娱乐等多方向发展。

休闲体育是一种自觉的体育，它出于人们对自身健康的负责，生命价值的尊重和生活质量的关照，健康性、娱乐性和人的完善性是休闲体育追求的首要目标。受多年实施全民健身战略的影响，人们越来越重视休闲的内容与方式。处于小康社会的休闲体育，其生长空间是无比广阔的。

二、我国休闲体育的现状与发展对策

(一) 我国休闲体育的现状

1. 地域便利

如今，越来越多的人口拥向城市，居住地相对集中，为休闲体育的发展提供了地域基础和便利。无论出于什么目的，人们利用闲暇时间参与社区体育和俱乐部活动越来越频繁。

2. 时间充足

劳动者时间的增多有三个方面的原因，它们为休闲体育的发展提供了时间保证：五天制工作时间的实施，“五一”、“十一”、清明、中秋等假期的出现，春节假期的延长；家用自动电器的使用及家庭成员的减少；退休时间的提前及平均寿命的延长。

3. 物质充沛

随着经济的发展和人们生活水平的提高，政府和个人对休闲体育的投资越来越多。政府和社会各界投资建设体育场馆、休闲设备等，使得休闲体育活动的条件得到了明显的改善；个人投入休闲体育的金钱和时间越来越多，购买了相应的运动器材等。

4. 理论充分

理论的进步引导实践的发展，实践的发展又会引发对理论的探讨和研究。政策扶持的内容包括：《体育法》、《全民健身计划纲要》、《全民健身条例》等法律法规的颁布和实施，使得休闲体育有法可依、有据可循。理论指导的内容包括：随着人们对休闲体育的日益重视，越来越多的研究书籍或论文相继问世，它们使休闲体育事出有因、言之有物。

5. 休闲意识

由于体力劳动的减少、生活节奏的加快、生存压力的增加和生活空间的封闭，人们越来越认识到促进身体健康、释放心理压力、增进人际交往和提高生活质量等方面的重要作用，参与休闲体育、进行终身体育的意识日益强烈，进而为休闲体育的发展提供了动力和源泉。

（二）发展对策

我国的休闲体育尚处于起步阶段，发展较迅猛和存在问题都是正常的。要及时发现问题、分析问题和解决问题。从原则上讲，休闲体育应该与社会需求相适应，与全民健身、新农村建设和学校体育相结合，增强康体意识，促进康体消费，服务小康社会。

1. 场地设施

(1) 充分利用现有的场地设施。

竞技体育和学校体育的场地设施要比群众体育和休闲体育多，有些时候这些场地设施没有充分利用，处于闲置状态，既浪费了物力和财力，又不利于休闲体育的发展。可以根据实际情况，进一步开发这些场地设施的功能，加强对其的管理，使其得到充分利用。这样既增加了财政的收入，又有利于休闲体育的开展。

(2) 适当增加场地设施的投入。

可以通过两种方式解决开展群体活动的资金短缺问题：第一，政府部门应逐年增加对休闲体育设施的投资，鼓励开发休闲项目；第二，依靠社会力量对休闲体育进行投资，建立俱乐部，鼓励个人、正式及非正式团体发展休闲体育。

2. 组织管理

完善的组织管理机构能够促进休闲体育的发展。从国家到省、市、县要专门设立分管群体工作的部门，再组建群体协会、体育指导中心、俱乐部，形成大众体育管理网络；并组建一支有组织能力、精通体育业务的社会体育指导队伍和康体服务人员，指导人们进行科学、有效的健身活动。

3. 休闲意识

培养人们的休闲意识可以通过以下两种方式：政府部门应该加大对休闲体育的宣

传力度，充分利用电视、网络、报纸、广播、书刊、文字、音乐等媒体进行引导性宣传，增强全民的健身意识，使广大群众利用闲暇时间积极参加康体娱乐活动；利用学校资源，培养学生的体育兴趣和爱好，教会他们一些锻炼方式和锻炼技能，树立终身体育的观念，为其以后参与休闲体育打下坚实基础。

三、我国休闲体育研究的成果

自20世纪80年代以来，人们开始关注休闲体育领域，在相关方向进行了深入探讨，取得了可喜的研究成果。

（一）关于休闲体育的概念

我国休闲体育研究起步较晚，所以还没有形成统一的、大家普遍接受的概念。不同学者从不同角度进行了定义。

（1）从时间和活动角度：它是社会劳动和维持生活必需时间外的空闲时间内进行的体育活动。

（2）从群众体育角度：它是社会上广大群众为了健身娱乐等目的而进行的业余活动。

（3）从心理体验角度：它是能产生愉悦、放松等心理感受的体育活动。

（4）从娱乐性角度：它与娱乐体育是等同的。

界定休闲体育要从时间上、心态上、文化观念转变上全面把握。因此，可以进行这样的定义：人们在休闲时间里自愿参与、自主选择，以身体参与为主要手段，以缓解压力、恢复体力、娱乐身心、调节情绪、强身养生为主要目的一种科学健康的身体活动方式。

（二）关于休闲体育经济

休闲体育经济是一个被讨论较多的话题，它是指与人们的休闲体育生活、休闲体育行为、休闲体育需求密切相关的领域，尤其是以体育制造业、体育旅游业、体育娱乐业和体育服装业为主的经济形态和产业系统。

1. 休闲体育经济发展的原因

社会发展为人们提供了时间和物质上的准备；政府支持极大地刺激了休闲体育产业的发展；国民休闲观念的改变及对心理健康的追求；农村城市化和城市社区化进程拉动投资需求。

2. 休闲体育经济起到的作用

休闲体育经济已经成为我国经济新的增长点，它是21世纪新型产业，是国民经济收入的重要来源；休闲体育产业发展促进了经济产业格局变化和就业率增长，它有效解决了就业与失业的问题，还将改善休闲体育服务，提升人们的休闲体育欲望和生活质量；休闲体育产业扩大了内需、刺激了消费、增长了经济，促进了经济的良性循环，缓和了供与需矛盾；休闲体育产业减少了经济全球化和加入WTO对我国产业结构造成的负面影响。

（三）关于小康社会与休闲体育

全面建设小康社会与发展休闲体育有相互促进作用，可以从如下两个方面进行阐述：休闲体育是经济发展和社会进步的必然现象，它始终伴随着人类的文明，对社会发展起着积极的促进作用。在小康社会里，休闲已成为社会的一种趋势，休闲体育可以优化产业结构，推动经济增长，加速科技进步，推进现代文明。

（四）关于休闲体育教育与服务管理

休闲体育教育与服务管理是一个新的研究方向，同时也将是健康、科学、系统地发展休闲体育的有效措施之一。

1. 发展休闲体育教育

建立理论是发展休闲体育的重要手段，也有助于建立正确的休闲观。发展休闲体育理论是完善体育教育的重要环节，也是使人们确立健康休闲观、发展休闲体育的精髓。

2. 加强休闲体育管理

加强休闲体育管理，对提高休闲服务的品质、服务的安全，以及工作效率是个积极的促进，同时还能产生经济和社会效益。所以，立足于管理学视角，从功能、目标、责任范围、安全和法律意识、财政、质量评估等方面出发，研究休闲体育是一个重要课题。为了推动休闲体育健康、科学、稳步的发展，我国的社会体育专业和旅游管理专业应认真细致地了解和学习发达国家和地区的先进管理经验，调整专业设置，拓展专业范畴，加强休闲与娱乐管理课程，培养专业人才。

第二章 休闲体育理论与实践

第一节　休闲体育的作用

课前思考

1. 你认为休闲体育对文化促进有无作用？
2. 当你进行休闲体育活动时，有什么样的身心感受？
3. 休闲体育推动社会经济发展了吗？

导入案例

北京某健身有限公司成立于2000年初，是“中国首批五星级健身中心”，也是国内最早采用连锁化经营的健身中心；它拥有顶级的健身器械、专业的教练团队和一流的服务品质。该健身中心有四大愿望：以服务社会、净化灵魂为宗旨，为大众带来健康的生活方式、自由的内心世界、纯净的道德理想；帮助人们创造身与心的健康，从物质空间走向精神空间，从形体的塑造飞跃到灵魂的升华；像鸟一样振臂远飞，跨越千山万水，将幸福、美好的佳音传遍每一个角落；融合中西文化，探求健体之道，为中国健身业培养职业管理者和技术引导者。起初，在国内外专业人士都不看好在中国健身消费市场投资的情况下，该健身中心在国内较早地将“健身运动”作为一种产业，率先投入探索一条新兴行业的发展之路。该健身中心开业仅一年即被评为北京市休闲体育产业销售第三名，次年获第二。

资料来源：http://www.nirvana.com.cn/about/gsbj.asp。

从上述案例中，我们可以看出该健身中心作为休闲体育经营机构，对个体和社会起到积极的作用。那么，休闲体育的作用究竟体现在哪些方面，是本节要解决的问题。

休闲体育是具有时代特色的客观现实，它对参与者所产生的效用和对参与者赖以生存的政治、经济、文化、社会环境所辐射的价值，无疑对社会进步起着积极的推动作用。休闲体育的作用，即在满足人和社会需要的过程中，所能担负的责任和所能做出的贡献，由与其休闲体育密切相关的社会经济、政治、文化，以及活动客体在身心等方面的相互关系共同形成。休闲体育正是实现了上述作用，才逐渐受到广大群众的喜爱和追捧，并逐步茁壮成长和健康成熟起来。

一、文化作用

文化作用体现在活动本身的技术规格、形式，以及休闲体育设备品种、款式、装饰、商标等诸多方面所承载和传递的反映人们精神文化观念和心理等属性的大小，具体有两个方面。

（一）促进社会文明进步

休闲体育是社会发展到一定阶段的产物，是一种社会文化现象，具有集合多元文化的特点，它是一定时代背景下的具体实践活动，不仅能够体现该时代的文化价值观，也能反映出与其他文化的交融，对文化交流起到积极的促进作用。在活动中，人们的文化修养也可以相互影响，学习和借鉴他人之长，“取其精华、去其糟粕”，提高自身文化素养的同时，促进社会文明进步。

（二）改变传统文化观念

利用休闲体育的健身、娱乐、康体、教育和艺术等方面的作用，帮助参与者认识活动在提高人们生活质量中的地位，进而激励和引导人们积极地活动。这样可以使具有相同或相近价值观的人们对某些具体的项目产生认同，形成共同的消费倾向，增大休闲体育及其相关产品的市场份额，促进休闲体育的经济规模，扩大体育产业市场。

拓展案例

每天上午，81 岁的郭玉伦都会骑着他独特的自行车行走在济南市大街小巷。他的车筐上，用铁丝缠绕着国旗和自制的标语牌，牌上印着红底黄字的醒目口号——“祖国万岁”、“十三亿人民健康”。自 1992 年开始，郭玉伦就在全国各地跑步或骑自行车，身体力行地宣传体育精神和奥运知识，并说“只要还能骑得动，我就要到处走，号召大家都来锻炼，有个好身体”。他已经走过全国 28 个省、2 000 多个县。许多地方的人写信给他，希望能跟他一起骑行；还有素未谋面的老年人找到他，向他学习锻炼的方法。郭玉伦说，“不管是老年人还是青年人，只有拥有一个健康的身体，才能好好生活、好好工作”。“国家十三亿人民吃饭穿衣都没问题了，经济发展也上去了，接下来就是要促进全民健康；特别期望老年人不要计较年龄，保持欢快的心情、健康的身体，共同努力奔向美好的未来”。

资料来源：http://news.xinhuanet.com/2011-05/12/c_121406468.htm。

二、社会心理作用

工业文明给人们带来巨大财富和闲暇时间的同时，也增加了心理压力。长期参加适宜的休闲体育活动，毋庸置疑能够增进人们的身体健康和心理承受能力，消除工作、学习和生活上的烦恼，使人们在社会交往活动中，将心理活动调控到适应的状态。

（一）保持轻松的身心状态

许多人的工作时间在原来的基础上不断缩短，属于自己的闲暇时间增多了。人们可以在这段时间里选择自己的生活方式去放松身心。休闲体育可能会走进人们的生活，为人们放松身体和心理带来益处。

（二）形成积极的社会态度

同参与其他体育活动一样，参与休闲体育活动，对人们的知、情、意、行都有着积极的作用。参加休闲体育活动有助于加快个体的“社会化”和自我意识的形成，有助于提高社会认知能力，促进社会生活态度的形成，进而影响到人们的各种行为。

（三）培育和谐的团队意识

休闲体育活动倡导民主和公平的精神，有利于个体间产生信任和关爱的氛围；活动过程中，有共同遵循的行为规范或准则，有助于人们约束自己的行为，提高纪律观念，增强团队意识。休闲体育活动中形成的群体既能满足个体的归属需要，又能提升个体的道德品质，对社会主义精神文明建设也有积极的推动作用。

（四）构建良好的人际交往

通过休闲体育活动，人与人之间直接接触的机会增多了，人际交往的范围扩大了。消费者的相似和相同特性、互补性格、能力表现等，以及活动过程中的时间特点和空间距离等，都可以促进人与人之间的相互吸引。

资料链接

戴尔·卡内基（1888—1955），美国著名的人际关系学大师，西方现代人际关系教育的奠基人。他在1936年出版的著作《人性的弱点》，70多年来始终被西方世界视为社交技巧的圣经之一；他在1912年创立卡内基训练，以教导人们人际沟通及处理压力的技巧。他说：“我经常到俱乐部健身房去，待上一个小时，没有人在锻炼或做剧烈运动的时候还烦恼着，因为他忙得没有时间烦恼。烦恼的大山很快变成微不足道的小丘，一项新念头和新运动很容易就把它摆平。”

资料链接

图片来源：http://www.oshir.com/list.asp? id=37。

“想观察四川人的精神状态，到麻将桌上看就好了，家园要重建，麻将要照打。”说此话的彭寿森是汶川一家茶馆（主营实质是麻将馆）的老板。“5·12”地震后，汶川县城所在地威州镇的茶楼数量从震前不到10家增至40家左右，而人口几无变化，在4万人左右。一位记者有这样的记忆，2009年5月到汶川时，他看到成片倒塌的楼房旁边，每天露天排开一些麻将桌，有的人腿上裹着纱布，把拐杖往旁边一横，一手扶腿，一手摸牌。这一现象引起了很多人的质疑，彭寿森却不以为意，“我倒觉得这个现象起码说明，我们也在调整自己的心态，大家更应该从麻将声隆隆的牌局中，感受到我们四川人的坚毅和乐观，这是对重建家园的无穷信心。四川人在经历了恐慌与悲痛之后，用麻将替自己和亲友做心理按摩，这何尝不是一种抗震救灾精神呢?”而且，他说，“我们打麻将重在休闲、娱乐甚至交友，因此，麻局中你很少看到有人发火，更别说动手打架了，气氛那是相当和谐”。

资料来源：http://news.xwhb.com/news/system/2011/05/06/010180631.shtml。

三、生理作用

生理作用是指休闲体育在满足消费者生理需要过程中所承载和传递的对人体健康的作用；如果活动合适、科学，就会对身体健康状态有正面影响。

（一）健美体魄

休闲体育活动可以锻炼身体，使肌肉更加结实、身段更加优美、机体更加健壮、体力更加充沛等；活动之后，体型、体态看上去更加协调，充满力量感和美感。

（二）强大心肺

进行长期、系统、科学的活动，可以促进心血管系统和呼吸系统的活动，改善心肺形状和功能，即增加心肺质量和容量、增大心肺力量、增强心肺功能等。

（三）活化大脑

适宜的活动可刺激和按摩身体的细胞、器官和系统，改进血液循环，改善神经系统，促进脑细胞的代谢和营养物资的供给，有利于大脑功能的正常发挥和长期维持。

（四）提高免疫

长期适宜的休闲体育活动，可以增强机体的免疫功能，如从事慢跑、气功和太极拳等活动的老年人，其免疫功能明显好于未锻炼者。

（五）预防疾病

随着现代化进程的加快，由运动不足而引发的“文明病”正威胁着人类。长期坚持体育活动，可以增加血液中白细胞和高密度脂蛋白胆固醇等有益物质的含量，增强机体对内、外环境的适应力和抵抗力。

（六）延缓衰老

从古至今，养生学都积极倡导运动，“生命在于运动”不仅是句口号，更需要切实执行。随着年龄的增大，人们会逐渐出现老化现象，进行适宜的休闲体育活动，可以使老年人保持健康、改善心肺功能、增强肌肉组织力量、促进骨质钙化、加强关节韧性、调节精神状态等，从而有效延缓衰老。

你知道“生命在于运动”是谁首先提出的吗？

◆ 查一查

拓展案例

我们都有这样的印象，国家领导人身体很好，这部分得益于他们对体育活动的爱好。毛主席提出“发展体育运动，增强人民体质”的口号，可见，他把群众体育事业当成社会主义建设的组成部分；他不但提出“文明其精神，野蛮其体魄”，更身体力行，曾42次畅游长江。1966年7月16日，73岁高龄的毛主席最后一次畅游长江，并且与人民群众一起劈波斩浪，胜似闲庭信步。2008年，胡总书记出访日本，与日本乒乓球球员福原爱切磋球艺；胡总书记的一招一式有相当的功底，发球、反手推挡、削球、正板扣杀，颇有专业选手的风范，一度使福原爱忙于招架。2011年“六一”儿童节前夕，温总理前往北京市朝阳区十八里店小学，看望师生，并和孩子们一起上了一堂体育课，参与了三对三的半场篮球赛；温总理的传球、运球、投篮、抢断都非常到位，一连投进了六个球，可以看出具有一定的训练基础。

四、经济作用

人们的物质文化生活水平不断提高，精神生活要求也提上了议事日程，衣食无忧温饱型的生活方式正逐渐向和谐发展小康型的生活方式过渡，人们对体育作用的认识也不断发生着变化。休闲体育在此基础上，不断扩展着其内涵和形式，并加入了崭新的思想和内容。

（一）提供相关就业机会

就业是在一定的社会经济条件下，劳动者得到了有报酬的从事生产经营活动或非经营性工作的机会，它的实质是个人以特定的方式参与社会劳动，从而使自己的物质需求和精神需求获得满足的社会机会。在解决就业问题上，休闲体育产业作为服务性和生产性的综合部门，其发展及相关服务业的发展，为劳动者提供了大量的就业渠道，增加了就业机会。

（二）积累国家建设资金

任何经济活动都要借助货币作为媒介来完成。休闲体育业同其他第三产业一样，发挥着加速货币回笼速度、增加货币回笼数量的功效，进而有利于防止通货膨胀，并对市场稳定和建设资金积累起到一定的作用。回收货币有两种途径：通过参与者直接参加活动进行消费，同时为其提供相关的指导、咨询和服务而获取收入等；出售或出租休闲体育活动的相关设备。

（三）改善经济产业结构

生产力发展到一定阶段，会带来第三产业的迅速崛起，这是社会发展的重要标志。相对第一、二产业而言，一个国家的经济发达程度越高，其第三产业在国民经济中所占比重就越大。休闲体育产业是典型的第三产业，它自身的发展还能促进其他相关第三产业的发展，对产业结构的优化起着积极的作用。

资料链接

20 世纪 70 年代以后，西方发达国家先后进入老龄化社会，我国也正在向老龄化社会迈进。同时，各国的国民经济为“现代文明综合征”背上沉重的负担。有报道称，1993 年，加拿大医疗保健费用高达 700 亿美元；1996 年，美国医疗保健费用高达 10 000 亿美元，占其国民生产总值的 15%左右；2000 年，日本医疗保健费用也达到了 380 000 亿日元。人们在健康上的支出，已成为各国国民经济的重要一环。世界各国开始逐渐重视群众体育和全民健身的开展。美国的《2000 年最佳健康人计划》、日本的《迈向 21 世纪的体育振兴策略》、德国的《健身 130 全民体育健身计划》以及我国的《全民健身计划纲要》相继出台，鼓励国民参加体育健身活动和各种休闲体育活动。

人们开始意识到休闲体育不仅是实现自我价值的手段，还是提高生活质量的重要内容；懂得了休闲体育消费行为并非是单纯的娱乐、消遣消费行为，更是一种健康投资。积极参加休闲体育活动的人口不断增加，客观上带动了体育消费，促进了体育产业的发展，休闲体育经济在国民经济中占据越来越重要的地位。资料显示，1988 年，美国的体育产业总产值达 631 亿美元，成为美国重要的产业部门，美国参加健身活动的体育人口高达 60%以上；1989 年，日本体育产业总产值分别达到 4.3 兆日元；1993 年意大利仅体育观赏消费支出就达 7 300 亿里拉。1997 年，日本 SSF 财团的调查资料显示，在家庭体育消费总支出中，日本达 404 亿美元，德国 141 亿美元，英国 103 亿美元，意大利 94 亿美元，法国 85 亿美元，西班牙 81 亿美元。看上述数据我们不难发现，体育产业正逐渐成为经济发达国家的重要经济来源和主要产业部门。

拓展案例

李小姐最近发现自己正在发福，体型开始走样，自己尝试过一些减肥的方法，但是效果不是很好。于是，她准备试试健身的方式，经朋友介绍来到某休闲体育健身中心，服务员宋鑫礼貌地接待李小姐。李小姐说："你看我身材走样，能通过健身恢复过来吗?"宋鑫看出李小姐可能是初次来健身中心，并抱有将信将疑的心态，于是对李小姐进行了详细的解答，她说："您好，首先非常感谢您对我们的信任！其实您的体型很好，只是缺少锻炼。如果能进行并坚持合适的活动，如跑步、游泳、健美操、瑜伽等，会对您的体型恢复起到很大作用，我们已经有很多成功的案例了。""健身活动不仅可以锻炼身体、塑造体型，同时还能减少一些疾病的发生，提高自身的免疫功能，对身体有很大的好处。"此外，宋鑫补充说："休闲活动除了有益于身体之外，您还可以通过活动流汗来排解压力、舒缓心情，通过接触社会来增加交流、促进交往等。当然，健身效果可能非常明显，但健心效果需要一段时间才能发现，但是我们相信只要您坚持活动，您一定会取得双丰收的。"李小姐说："你说得非常清楚，我决定尝试尝试，你帮我介绍一下我适合的活动项目吧!"

在上述案例中，顾客开始并不是非常了解休闲体育的作用和进行休闲体育的意义，可能抱有怀疑的态度。但是，既然顾客来了，即便是为了了解情况，并没有进行一定消费，作为服务人员也应该根据顾客的情况，详细地介绍休闲活动的价值，使其对活动有一个直观的印象，对活动的价值有个清楚的认识，这样才有可能将潜在的顾客变成真正的消费者。因此，作为休闲体育服务人员需要学习、了解和掌握休闲体育的价值所在，并能够简明扼要地为顾客做介绍。

第二节　休闲体育的理论

课前思考

1. 中外对休闲体育的认识有无区别?
2. 你认为"休闲是最后剩余之事"吗?
3. 你认为"休闲活动具有娱乐性"吗?
4. 休闲体育能否成为一种产业?

导入案例

2011 年 3 月 31 日，全国社会体育工作会议在海南博鳌召开，本次会议得到著名经济学家成思危的关注和支持，成思危指出，社会（休闲）体育是我国休闲事业中重要的组成部分，大力发展群众性社会（休闲）体育健身事业，对提高公民素质和生活质量，促进经济、社会、文化协调发展，加速经济增长方式转变，全面建设小康社会将有重要意义。国家体育总局社会体育指导中心主任胡建国也表示，社会（休闲）体育将成为中国未来绿色 GDP 新增长点。此外，国家发改委投资所休闲经济研究中心主任马志福说，进入 21 世纪的中国，由于科技和经济水平的提高，生产力已经充分得到了解放，无论在城市还是在乡村，人们的闲暇时间都在不断增多，一个大众化的休闲时代正在走近中国，人们在闲暇时间抒发幸福感的趣味性、娱乐性、健身性的体育活动，被喻为“休闲体育”。我国《国民经济和社会发展十二五规划纲要》中，明确提出“发展健身休闲体育，开发体育竞赛和表演市场，发展体育用品、体育中介和场馆运营等服务，促进体育事业和体育产业协调发展”。

资料来源：http://finance. sina. com. cn/leadership/mroll/20110414/14579689867. shtml。

由此看出当今的休闲体育不仅已成为了人们生活中的时尚，而且还纳入了国家规划，成为国家行为，同时也成为当今世界新兴的一个产业；那么，休闲体育为什么有这样的功效，它有怎样的理论支撑呢?

我国已经确定“全面建设小康社会”的目标，在各行各业迅速发展的过程中，人们要面对具有后现代特征的休闲时代。目前中国还是发展中国家，休闲体育的发展必须充分考虑全面建设小康社会的需求，走适应小康社会发展的体育强国之路。对于休闲体育理论和实践的研究不能完全照搬发达国家套路，而应在虚心引进的同时，根据我国的实际情况和发展方向，认真调整各要素之间的关系，构建适合自身需求的休闲体育理论。

一、休闲论

改革开放以来，“休闲”一词可以说是深入人心、家喻户晓，但是，有关中西方对休闲的理解，却鲜为人知。

(一) 中国的休闲学说

休闲是一种积极的生活方式和人生境界，它是人类文明的重要标志。中国的休闲观念深受农业文明的影响，具有自己的特色。

1. 以农为本

在《辞海》里，休闲被解释为：“农田在一定时间内不种作物，借以休养地力的措施。”这种解释根源于原始农业社会，反映了中国休闲观念对自然节律的尊重。

2. 以静为主

中国休闲观主“静”，强调自我的反思和内心的平和，并延续到今；“静”的休闲观所提倡的与自然和谐同步，遵守阴阳调和、圆缺盈亏的生物节律，是后现代生态文化的宝贵资源。

3. 以境为贵

中国人的休闲观念其实是一种“境界”，可以说是一种“与万物合一、消除人我分别与内外分别”的精神境界。

当前，休闲行为在人们的生活和社会活动中处于重要的地位，全面建设小康社会发展目标提出后，我们更应该把体育与中国休闲文化联系起来。面临休闲时代的到来，我们可以运用自己的智慧，丰富中国休闲文化在体育中的独特作用。

资料链接

中华民族悠久的历史和深邃的传统文化，赋予传统体育活动以鲜明的民族特色。在过去，古人“玩”的内容同样丰富多彩，如捶丸（高尔夫的鼻祖）、马球、蹴鞠、击壤（后来有木射，与现在的保龄球相似）、象棋、围棋、五禽戏、游泳、登高、踢毽子、垂钓、空竹、秋千、高跷、龙舟、秧歌等，这些修身养性的身体活动，大多依附在节日集会的娱乐形式上，重娱乐、重表演，成为竞技性较弱的民间游戏。随着社会的发展和进步，西方的诸如蹦极、攀岩、漂流等极限项目传入到了中国，冲击了传统的休闲理念，带给人们挑战体能、张扬个性的新方式。休闲的概念、形式和内容也发生了变化，但是中国人对休闲的理解仍是“摆脱繁杂事务，解脱精神压力，排遣消极情绪，获得宁静享受，达到心灵和谐”。

（二）西方的休闲学说

西方的休闲学说认为：“休闲的基本要素是拥有包括在生活之内的自由时间，要有足够精力倾心于快乐的活动，有适当的心灵状态和环境。”

1. 古典休闲观念

亚里士多德认为，“休闲和思考不可分，休闲耕耘了心灵、精神和个性，但自由时间却非必要的；而必要的组成是一个人在自由时间里的态度或意向。只有在休闲中的人才能称得上是真正快乐的，因为他可全身心地思考最高和最好的真理，人仅在休闲中才能成为完整、成熟的人。休闲中的个人需要朋友，即可分享想法与理想的伙伴”。

2. 客观休闲学说

美国经济学家 Veblen 认为，“休闲的内涵是对时间的一种非生产性消费。人们之所以愿意进行消费，是因为其认为生产性工作没有价值以及对懒惰有支付的能力，故仅有钱人才可以进行休闲”。休闲是人们一天当中，扣除工作、睡觉及维持生活所需的活动时间外，在剩余时间所做的活动，又被称作“余暇活动”。

3. 主观休闲学说

法国学者 Grazia 否认“自由时间”就是休闲，他认为，“休闲应是指一种感觉的品质，如果一个人看似悠闲，但却为无事可做而烦恼，此时就不能称之为休闲，休闲的获得与否是由个人认定的”。

休闲是一种动态发展中的社会现象，休闲的观点与定义，反映了社会形态和学者的学术背景、观察角度等，这种“休闲”本身的复杂性，使得休闲学说具有多种观点。

但可以从以下几方面理解休闲：

（1）休闲是最后剩余之事，休闲是可以计量的，强调休闲是“一切必要之事都处理完毕，最后剩余的时间里所做的事”；该方法以“可使用时间”来辨认休闲，并且几乎将休闲视为自由时间、娱乐或游戏等。

（2）休闲是为了休闲，只要人们认为是“休闲的，就是休闲”；休闲是塑造人格的自由选择活动，它是具有功能的；“休闲”本身就成了一种需求，既是生产的需求，也是生活的需求，更是人生的需求。

（3）休闲是一种心灵状态，休闲是“一种状态、一种态度、一种心智的状况”，它与时间、空间与活动无关。

资料链接

休闲已成为影响和改变北美人生活的一项重要指标，已融进北美的社会和文化之中，并与北美人的一切活动紧密相关，已成为北美人提高和维系生活质量的一种方式，同时也已成为北美人修身养性、提高社会适应和促进人际交往、确立自身价值和规范行为准则的一种途径。在过去的一个多世纪里，越来越多的美国和加拿大的居民参与到休闲活动中去，人们对休闲的看法随着时间的推移也一直处在变化中。一个作者曾就家庭成员对休闲和工作的看法来分析不同时代的休闲观。

祖父辈的休闲观：他们认为休闲和娱乐不重要。祖父们努力工作实现全家的美国梦，一般要每周工作 60～70 小时；祖母们在家里工作，做贤内助。当所有的工作都完成以后，祖父们偶尔也与朋友去露营，祖母们会在有空的时间里做缝纫。在他们看来，休闲活动是维生的一种辅助手段，并具有一定的功利性。

父辈的休闲观：父辈们出生在 20 世纪初的大萧条时期，这影响了他们的一生。他们总是担心经济上的安全性，而一味追求物质上的财富。在他们的休闲时间里，他们总是从事一些与经济利益挂钩的活动，如炒股票或从事房地产方面的投资。父辈们把休闲看作是努力工作的加油站或添力剂。

同辈人的休闲观：因为生活在经济富裕的时代，这一代人用不着一味地担心经济是否稳定。休闲娱乐通常是以看电视、享受家庭电子娱乐产品为主。教育的机会唾手可得，大学的学位也容易获得。工作不再是生活的重心，而休闲却是改变文化习俗的主要因素。这代人的宗旨是“工作是为了更好的休闲”。他们通过休闲活动来寻求生命中的快乐，已从强调“我们”转变成了强调“我”。

孩子辈的休闲观：孩子们的休闲观与前几代人的又有所不同。他们的家庭生活是他们休闲的决定因素。他们把休闲看作是一种权利，尽管他们这一代的经济状况并不比前几代好，甚至要差。他们的宗旨是“努力工作，努力玩耍”。休闲在许多方面对他们来说是一种消费产品。他们把休闲的参与当作是衡量他们个人成功与否的标志。

孙辈们的休闲观：孙辈们往往出生于世纪之交，他们对一切事物都感到新奇，他们生活的重心是玩耍，通过玩耍，来模拟未来的世界，规范自己的行为准则。

资料来源：周丽君：《论休闲体育和健康的生活方式》，载《浙江体育科学》，2005（2）。

二、娱乐论

休闲活动的特征之一就是“娱乐”。人们都有“趋乐避苦、趋利避害”的行为趋向，快乐更多建立在一定物质条件上的心理的满足。从某种意义上讲，体育无“乐”，就失去了活力和魅力。因此，可以说“体育”与“娱乐”是一体的。对于“乐”的观念，东西方文明存在着一定的差异。

（一）中国的快乐观

在原始社会，为了方便记忆和传播，人类的生活、生产经验主要是通过口耳相传的形式模仿传授的，特别重视“声教”。此外，音乐与舞蹈是紧密联系结成一体的，高兴时手舞足蹈、快乐吟唱等。但中国的“快乐”不是纵情的，也不是狂放的，而是抒情的、含蓄的，并不刻意追求生理的快感，而欣赏心灵的美感。“乐”字最早见于甲骨文，是指“用丝和木制作的乐器”，后演变为三种含义：音乐；喜悦、快乐；爱好。

因此，快乐可以理解为一种感觉或心情，更多时候，它是一种等待和祝福，追求“快乐”是每一个人的愿望。中国的民间体育活动，大多是节日喜庆时的游艺活动，给人们带来安定、祥和的快乐。

资料链接

三教九流、诸子百家的起源不同，所孕育出的快乐观以及所表现出的休闲活动都不尽相同。道家可谓是休闲娱乐的实践者，道家思想能够体现中国人对快乐的朴素而深刻的认识；有人会说道家思想受社会背景的影响产生于社会激烈变动时期，倡导的“安天顺命”的快乐观有些消极。儒家思想将民间凡俗的快乐引向了高尚、儒雅、积极的境界，儒家之“乐”崇尚勇敢地面对现实，在追求和实践道义的过程中将“享乐”升华为“快乐”。中国传统文化受儒家思想的熏陶，以儒家为主流的意识形态影响着中国人的休闲态度。中国人习惯从节俭中寻求乐趣，“重精神、轻物质”。中国古代充满智慧的休闲理念，启发我们对娱乐价值进行重新认识，“在休闲活动中，人们从周围环境中索取得越少，得到的快乐就越多”。因此，如何提取传统文化的精髓推动身体娱乐活动的更好发展，是值得深入探索的问题。

（二）西方的快乐观

古希腊昔勒尼学派的创始人亚里斯提卜最早提出快乐观，他认为，快乐是人生的唯一宗旨，快乐就是善，痛苦就是恶，其余一切都无足轻重，任何快乐都是好的；他主张满足各种感官的欲望，生活的目的是快乐。

资料链接

不同的学者对休闲体育的娱乐论有不同的见解，伊壁鸠鲁认为："我们所谓的快乐，是指身体的无痛苦和灵魂的无纷扰，快乐是幸福生活的开始和目的。因为我们认为幸福生活是我们天生的最高的善，我们的一切取舍都从快乐出发；我们的最终目的是得到快乐。"洛克认为，人的本性就是追求幸福和快乐，逃避痛苦和灾难；"一切含灵之物，本性都有追求幸福的趋向"，"所谓善或恶，只是快乐或痛苦自身"。笛卡尔认为，"人和动物的身体都有机械运动，因此，身体和欲望不能作为人的本性，人的本性在于有思想或理性，由此提出我思故我在的著名论题"。卢梭认为，"人最初的感情是对于自己存在的感情；人最初的关怀是对于自己生存的关怀"。爱尔维修认为，"人是能够感觉肉体的快乐和痛苦的，因此他逃避前者，寻求后者"；他把快乐分为官能的快乐和预期的快乐，官能的满足能带给人快乐，但这种快乐是稍纵即逝的；而预期的快乐则更多的是一种希望和期待，虽不如官能的快乐强烈、现实，但更持久、令人神往。你是否同意这些观点？

（三）娱乐方式的选择

为了获得快乐，人类思考了丰富的娱乐内容和创造了多彩的娱乐方式。受中国传统文化的影响，始终提倡中庸和平衡的行为方式，避免追求过度的快感。即便是休闲体育锻炼，有时也存在不足或过度的问题。运动过程中产生的内啡肽能给人带来愉悦和渴望的感觉，一旦运动中止，人如果会因为内啡肽水平降低而焦躁不安，就说明产生了"运动依赖"。所以，应该避免锻炼成瘾，同时也不应浅尝辄止。选择娱乐方式不仅要考虑运动的量，还应注意活动的方式和效果，以及注意事项等。面对越来越多的休闲体育活动，应"择善而从之"。

三、健康论

通过体育锻炼可以获得健康，健康论对进行体育锻炼有一定的指导作用。"休闲体育出健康"是毋庸置疑的。

（一）体育与健康

瓦特蒸汽机的发明，启动了工业革命，它不仅在时间上解放了人们，还在体力上解脱了人们。工业文明有利有弊，一方面它积极地改善着人们的生活条件，另一方面它却侵蚀着人们的健康。"文明病"是工业文明带来的佐证，如冠心病、糖尿病、肿瘤、骨质疏松、中风、忧郁、精神分裂、自杀等，又如肥胖、高血压、消化不良、头晕目眩、失眠健忘、四肢乏力等。这些疾病的产生多数源于生活方式的不健康，如饮食中营养过剩和工作中缺少运动。这些问题仅通过医疗卫生手段不能完全解决，还需要依赖运动的方式，与疾病作斗争。对付"文明病"这类疾病，用体育的手段更显积极和主动，且成本相对较低。此外，体育能缓解人们的精神压力、放松心理等；还能促进交往、增进交流等，它们与健康的要素不谋而合，从不同方面满足了健康的要求。

资料链接

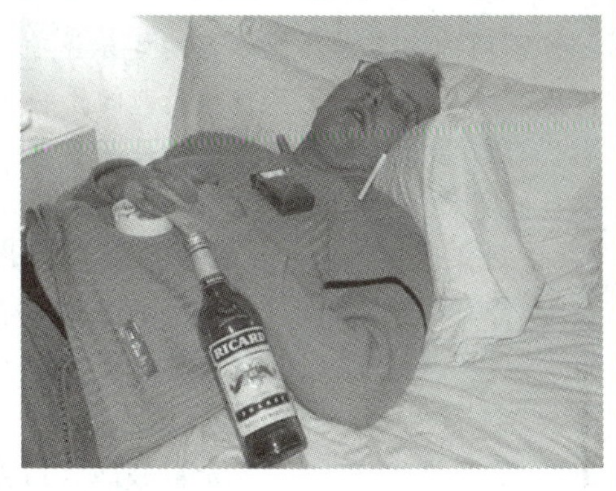

美国每年大约有 200 万人死于不健康的生活方式，主要表现为酗酒、吸烟、吸毒、生活无规律、营养失控、体育运动不足等不良的行为习惯；其中饮食习惯不良和体育运动不足已成为美国人的主要死因之一。据 2004 年美国疾病防治中心的最近统计，美国每年死于体育活动不足的人口大约有 400 000 人，有 2/3 的美国人超重或肥胖，有 15%的青少年超重或肥胖，这个数据已经比 1980 年翻了三番。人类社会需要健康，休闲体育活动可以满足人们对身心健康的需求，社会的发展也为休闲体育提供了积极促进个体健康的新方式，其目标也日趋明确，即为“每个人的健康”。

（二）休闲体育与健康

知识经济时代的来到，使得人们的劳动生产方式从体力化转到非体力化，多余的体力和精力需要发泄的出口，休闲体育活动可以有效弥补身体活动的匮乏。因此，体育休闲化，成为人们新生活方式的重要组成。小康社会背景下，人们拥有越来越多的闲暇，开展体育活动的重心逐渐转移到闲暇时段。闲暇时间锻炼身体成为了时尚，这时针对不同人群，选择适当项目、制定健身计划、安排适当时段、给予技术指导等，成了休闲体育服务人员或“社会体育指导员”业务学习的重点。

拓展案例

图片来源：http://www.jrxs.csx.cn/xsrw/xszh_0979/200912/t20091203_16364.html。

2009 年 3 月 24 日，《人民日报》报道“中日韩美四国高中生权益状况比较研究”，调查显示，与日韩美三国高中生相比，中国学生显得不会“玩”，迫切需要休闲指导。在四国高中生中，中国高中生每天在校的学习时间、在家的学习时间、在课外补习班或跟家教的学习时间都是最长的；78.3%的中国普通高中学生和 33.6%的职业高中学生平时每天在校学习时间在 8 小时以上，韩国也有 57.2%的普通高中学生和 10.1%的职业高中学生在校学习时间在 8 小时以上，而在日本和美国几乎不存在这样的情况。四国高中生的前几大烦恼主要涉及学习、休闲、锻炼、交友、消费、外貌等方面；其中“学习太紧张”是四国高中生最大的烦恼，日本高中生感觉学习负担最重，美国高中生感觉学习负担最轻。休闲生活太单调是中美高中生的第二大烦恼，而日韩高中生的第二大烦恼则是长得不够好看。专家分析认为，各国高中生普遍存在着偏重智力发展，忽视身体、心理发展的情况，紧张的学习剥夺了高中生从事体育锻炼以及休闲、娱乐、交友的机会。

资料来源：http://news.sina.com.cn/o/2009-03-24/125415358864s.shtml。

四、经营论

实现“体育生活化”的重要载体是休闲娱乐活动，经营和管理好休闲娱乐业尤显重要。在全面建设小康社会的进程中，我们应该建立科学合理的管理和经营理念。

（一）休闲体育产业的发展趋势

由于国民收入的提高和生活方式与生活环境的改变，人们开始追求生活品质，尤其是政府颁布政策和实施双休日之后，参与休闲体育的人群与日俱增，促使了休闲体育产业的诞生，即与健身娱乐场所、体育旅游、运动养生等休闲行为有关的职业和团体组织。

休闲体育在欧美已风靡多时，且形成了一系列相关产业。国人的生活正全面迈向小康阶段，收入增长、闲暇增多，“有钱、有时间”的中国人会促使休闲体育进入一个崭新的阶段。休闲体育项目、规格、档次、空间等也会相应提高，产业将形成网络立体化，有望成为第三产业中增长最快的产业，其发展特点将是娱乐商业化、人员专业化、服务人性化和经营多样化等。

当然休闲娱乐活动需要管理经营，其实质是一种服务，即为人们提供一种满足身心健康需要的保障和必要条件的服务。为了取得最大的效益，需要有长效机制，管理机构要有系统的整合观念与长远规划，并在法律、政策、教育、宣传、场地设备、体育指导等各方面进行有效的配合，使人们了解“自己的生活方式是决定健康的主要因素，培养休闲娱乐习惯是提升生活质量的渠道之一”。

（二）休闲体育产业的经营管理

随着《全民健身计划纲要》和《全民健身条例》的颁布和逐步实施，如何发展适应现代化社会需要的群众性体育组织形式已提上议程。体育俱乐部是开展大众体育活动组织体系中基本的单位之一，它是一种高级的大众体育组织形式，较传统的单位体育、锻炼组织等，它更符合体育社会化目标的要求。随着社会和经济的发展，许多人加入了体育俱乐部，不仅是为了健身，还将其作为社交活动的一部分，以满足心理需求。体育俱乐部为了自身更好地生存和发展，经营视角多方位化和经营形式多样化，致使其经济来源也多渠道化，包括个人捐助，体育场馆使用收费，非体育表演、展览等门票收入，承办比赛的收入，非体育场馆的经营权出租费以及政府拨款等。

北京市有哪些著名的体育俱乐部？它们的经营情况如何？

◆ 查一查

资料链接

休闲产业对经济发展产生巨大的影响。有资料表明，欧美国家三分之一的收入、三分之一的时间和三分之一的土地用于休闲。从全球的经济发展趋势来看，未来15年内，发达国家将相继进入“休闲时代”，休闲产业将会在2015年前后主导世界劳务市场。而休闲体育将是整个休闲市场中重要的一环。我国的休闲体育市场随着2008年北京奥运会和2010年上海世博会而迅猛发展。随着人们收入的增加，消费结构也发生了很大变化，体育消费已经在消费结构中排到第六，平均支出在2 000元左右。

资料来源：http://www.lotour.com/snapshot/2005-1-23/snapshot_13724.shtml。

拓展案例

怀特先生是一位英国人，他有参加体育活动的习惯。一日，他来到国内某休闲体育中心，向服务人员询问：“在我们国家，休闲有三个基本语义，时间、活动和精神状态，这三个词在中国休闲体育中同样存在吗？”服务员王伟非常热情地解说：“先生您好，它们同样是其重要的要素，但可能是活动的形式和内容有所不同而已。”怀特先生又说：“进行康体健身，需要科学的知识，否则将不会收到效果。为了指导休闲体育活动，外国有相关的理论作为支撑，那么你们目前是用他们的理论，还是有自己的理论呢？”王伟说：“由于各国的情况不尽相同，我们不能完全依照国外的理论，但可以吸取其有价值和可借鉴的一面，建立符合社会需求的理论，现在已有一些代表性的理论，例如有以休闲为基础的休闲论，有强调身心健康的健康论，有体现娱乐性质的娱乐论，还有突出经营管理的经营论等，都是在建设小康社会环境下提出的理论，对休闲体育活动实践有重要的指导意义。”怀特先生说：“听你这么一说，我好像很有兴趣通过活动实践来加深对理论的了解了。谢谢你的介绍。”

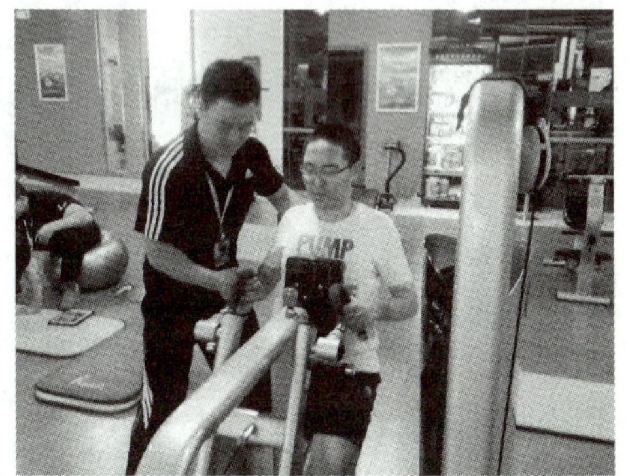

现阶段，有很多理论可以说明和解释休闲体育，不同的理论从不同的角度对其进行了阐述，都有很高的参考和应用价值，而且可以作为指导休闲体育活动的理论支撑。这些内容对于休闲体育服务人员来说，都是需要学习和了解的。

第三节　休闲体育的实践

课前思考

1. 你参与过哪些室内休闲体育项目？
2. 你了解这些项目的基本技术、活动规则等内容吗？

导入案例

黄女士从事金融行业，长期工作压力巨大，身体素质和精神状态明显不如以前，总容易疲惫；她试图改变现状，经朋友介绍，来到北京蓝翅健身会所。由于对健身项目和如何健身不是十分了解，她询问了会籍顾问刘琳。刘琳说："会所成立于2006年5月，是北京地区大型的会员制专业健身会所，近4 500平方米的超大健身空间，能给您提供一个绿色的健身环境；此外，国际化的健身设备、健身理念，让您第一时间了解最新健身资讯，感受最流行的健身魅力；在这里，您会有像家庭一样的舒适感觉，您会结交更多新朋友并成为好朋友，您还会体验到轻松的会谈环境。"刘琳补充说："会所设有氧操室和动感单车室两个专业授课室，有氧器械区、力量器械区、自由重量区、活力健舞区、舒适恒温泳池、舒适洗浴区、轻逸休闲区七大会员区，健身项目包括器械健身、健身操、有氧搏击操、游泳、乒乓球、瑜伽等，为您提供一个娱乐休闲的好去处。"

听了刘琳的详细介绍，看过场地设施之后，黄女士欣然选择了瑜伽项目，并盼望尽快进行练习。

资料来源：http://www.jianshen114.com/u/蓝翅/UserDomain.aspx/AboutCompany。

如何帮助会员选择休闲体育项目和进行训练是本节的主要内容。

SPEED
LIMIT
2000

SPEED
LIMIT
2000

2000

休闲体育活动已广泛地被人民大众所接受，并日益成为人们生活中不可或缺的一部分。不仅一些娱乐性体育项目，许多竞技运动项目也在适应人们休闲需要的过程中演变成为既可以进行比赛又能实现娱乐目的的活动。本节主要介绍室内休闲体育活动，如：室内球类项目，包括保龄球、台球、网球等；室内其他项目，包括体育舞蹈、瑜伽、器械健身等。

一、室内球类休闲体育项目

（一）保龄球

1. 基本技术

球道和助跑道是用枫木板条拼成的，它们由犯规线区分。在助跑道上有 7 个滑步标点并嵌有两排 7 个站位标点，在球道上有 7 个目标箭头和 10 个引导标点。

为使保龄球获得平稳的加速度，投球前需要助跑，多采用 4 步，在完成预备姿势（选好位置、自然站立、瞄准目标、准备前行）后，应按以下步骤做：

（1）推球。

缓慢跨出右脚的同时，双手轻轻向前推出球，手臂伸直与上体约成 45°，直臂离球向外侧展出。

（2）垂直下摆。

第 1 步结束就是第 2 步，右手在球重力作用下下摆，同时跨出左脚，步幅比第 1 步稍大，同时左手直臂继续外张；球下摆至垂直位置时，平稳完成第 2 步，重心移到左脚。

（3）垂直后摆。

第 2 步结束就是第 3 步，右手在球的作用下，由下摆过渡到垂直后摆，同时跨出右脚，左手直臂继续外张。步幅与第 2 步一样，速度稍快。跨步结束时，正值球顺着惯性在控制中时自然后摆至最高点约与右肩平齐，此时上体前屈，重心移至右脚。

（4）向前垂直回摆到滑步投球。

第 3 步结束就是第 4 步，顺着球的重力向下回摆的同时，跨出左脚。为了使左脚在球前冲力的作用下向前滑行，脚跟不要承受重量，球从下回摆过渡到向前回摆。当左脚向前滑行到离犯规线 7 厘米处时，脚跟落地承受重量制动，确保左脚停留在犯规线内。这时左腿深屈，成弓箭步，上体成屈俯状，左手臂外张侧平，维持身体平衡。

完整的投球技术，可分为握球方式、预备姿势与位置、瞄准方法和投球路线等。

（1）握球方式。

保龄球的重量规格不等，初学者要根据自己的体重、体力选择适当的球。选球的相对标准是握得稳固、摆得自如、不感吃力、控制充分等。球选定后，不要随意更改。握球（以右手为例）时，左手靠着左腹托住球，右手的中指与无名指插入指孔至第二关节处，大拇指完全插入指孔，手心贴着球弧面。

（2）预备姿势。

思想集中、身体放松、两眼平视、下颌收紧、下腋夹紧、背部稍弯。球放于腰部与下颌间，稍靠近腹部；右手心稍向上约与地面平行，手腕保持平直，拇指在时钟 12 点、中指和无名指在 5—6 点的位置上；双手托起球，重量多落于右手；两肩下垂，身体与犯规线平行，初学者可将右肘靠近腰部，大小臂之间夹角保持在 90°左右；膝盖微曲，两腿放松站立；双脚尖指向球道，双脚平行或跨出的前脚稍抬起，重心移至后脚。

（3）预备位置（以 4 步助跑为例）。

在距离犯规线 5 厘米处，面向球道，以略大于普通步伐的幅度向后走 4 步半，确定最佳预备位置。

（4）瞄准方法。

通常有如下四种瞄准方法，前两种适用于一般情况，初学者更适合使用第二种，第三种适合补中球，第四种适合于水平较高者。

1）点瞄准：把目标盯在瓶上。此方法不太适合于初学者，因为初学者会感到 20 米外的目标瓶很远，用过大力量投球，会导致姿势不稳定。

2）点面瞄准：以犯规线前方三角形点面为目标。7 个目标箭头与瓶之间均有一定间隔，球只要顺着这个点面直行通过，会在其延长线上击中瓶。

3）线瞄准：瞄准点面三角形延长线，让球经过落球点、点面三角形击中瓶；视线也可以不离开点面三角形，放球时脚的位置和球的路线保持一致。

4）角度线瞄准：根据球道情况、自身助跑偏离和投球形式等，决定投球的站位起点、落点和经过的点面箭头。

（5）投球路线。

1）直线球：初学者应先学会投直线球。投直线球时，以 1 号瓶为目标，球路轨迹在 1 号瓶和 4 号目标箭头所在的第 20 块木板上（保龄球球道和助跑道是用 39 块长 19.16 米、宽 1.04～1.07 米的枫木板条拼成的，右手参与者可从右边数起，左手参与者则相反），如果球员个人站位所需木板为七块，则球员助跑时的站位左脚内侧在第 27 块木板左侧边线上。在整个投球过程中，持球手臂的摆动要在助跑道的第 4 标点和球道上的 4 号目标箭头所在的两点连线上。投出的球落在球道中间的一条木板上，应沿自身横轴向前直线滚进，通过 4 号目标箭头直射 1 号瓶。

2）斜线球：初学者接着应学习投斜线球。斜线球与直线球只有一个角度的差别，实际上是斜直线。练习时尽可能在外侧或最外侧处投球，以便增大“射入角”，提高成功率。

3）曲线球：在球出手的一刹那，通过转动手腕、改变手指的不同指向位置和中指、无名指的钩提动作，使球体在前进的同时产生旋转，在有限的球道宽度内，获得超过这个宽度的力量，增大“射入角”，提高击瓶成功率技术。曲线球包括自然曲线球和短曲线球（钩球）、大曲线球（弧线球）、反曲线球（反旋球）等几种不同类型。

2. 玩法与规则

保龄球比赛是以局为单位的，每局有 10 格，每人可在前 9 格的每一格中投两个球。第一次投球把 10 只球瓶全部击倒，就不能再投第二次。到第 10 格时，若第一次投球把 10 只球瓶全部击倒，应继续投完第二、第三次两个球。如果第二次投球把剩余的瓶全部击倒，还要投完最后一个球，才能结束全局。

比赛时，是以抽签决定道次的，每局比赛在相邻的一对球道上进行，参加队际赛、三人赛、双人赛、单人赛的参与者应按顺序在一条球道上投完一格球后换到另一球道上投下一格球，直到每条球道上投完 5 格球。

保龄球赛分为单人赛、双人赛、三人赛和五人赛（队际赛），每人均赛 6 局，以总分即总局数（6 局×人数）的分数总和来判定名次。

除全中的记分外，参与者投出的第一个球击中的瓶数记在上方左边的小方格内，投出的第二个球击倒的瓶数记在上方右边的小方格内，如第二次投球未击中任何一个剩余的瓶子，用"—"符号表示，记在记分表上，然后将两投击倒的总瓶数记在下方的格内。

（1）全中。

当每一个格的第一次投球便击中全部 10 个瓶时，称为全中，用"(X)"表示，记录在记分表上该格上方左边的小方格中。全中的分数是 10 分加该参与者下两次投球击倒的瓶数。连续两个全中就称为两次全中。第一次全中的记分为 20 分再加上随后第一球击倒的瓶数。连续三个全中就称为三次全中。第一次全中那格的记分为 30 分。一局的最高分是 300 分，必须连续投出 12 个全中。

（2）补中。

第二次投球击倒该格余下的瓶，称为补中。用"/"符号表示，记录在记分表上方右边的小方格内。补中的记分为 10 分加该参与者下格第一次投球击倒的瓶数。

（3）失误。

除第一次投球后形成分瓶外，在某格两次投球后，未能将 10 个瓶子全部击倒，叫做失误。

（4）分瓶。

分瓶是指在第一球投出后，把 1 号瓶及其他几个瓶子击倒，剩下的瓶子呈下列状态：1）2 个或 2 个以上的瓶子，它们之间至少有 1 个瓶子被击倒；2）2 个或 2 个以上的瓶子，紧挨在它们前面的瓶子至少有 1 个被击倒。注：分瓶在记分表上用"(O)"表示。

如果在投球时或投球后，参与者的部分身体触及或超越犯规线，以及接触了球道的任何部分和其设备建筑时，视为犯规。此次犯规的时效到该名参与者或下一名参与者投球为止。注：犯规在记分表上用"(F)"表示。

（二）台球

台球，也叫桌球，是用球杆在台上击球，依靠计算得分确定比赛胜负的室内娱乐体育项目，它非常高雅，如今十分流行。

1. 基本技术

（1）握杆方法和身体姿势。

1）球杆重心。

了解球杆的重心位置后，由重心点向杆尾移动大约 40 厘米，这段距离内握住球杆是比较合适的。根据主球离台边的远近，握杆的位置可以稍作调整。主球贴近时，需握接近杆的重心；主球较远时，握杆靠近尾部的位置；需要大力击球时，握杆手亦可以往后握，以便加大握杆和出杆的距离。

2）握杆方法。

拇指和食指在虎口处用轻力握住球杆，其余三个手指要虚握。这样可以保证手指、手腕和手臂的适度放松，便于肌肉更协调地工作；还有利于给手指、手腕以及手臂肌肉本体感觉器更丰富的信号，便于正确学习掌握动作以及发现和纠正出现的错误动作。

握杆时，手腕要自然垂下，既不要外翻，也不要内收。正确的手腕位置是非常重要的，但这并不意味着所有参与者握杆时手腕位置都一模一样。由于手腕和手臂的解剖结构有所差异，个人长期养成的用力习惯，握杆的方法、肘部的位置、肩部的位置、身体的姿势、站位等因素，会出现手腕位置的差异。因为斯诺克台面大，袋口相对球而言比美式台球小，对准确性的要求更高，所以斯诺克参与者要比美式台球参与者的手腕显得更自然垂下。

3）身体姿势。

击球方向决定于站位和身体位置，正确的身体姿势有助于完成击球动作。

①站立位置：握好球杆后，面向球台向用主球击打目标球的方向直立，球杆指向主球，握杆手置于体侧，同时确定击打目标球的下球点和主球将要走的位置。

②脚的位置：身体位置确定后，握杆手保持在体侧不动，左脚向左前方迈一小步，与脚的距离大约与肩同宽；左腿稍微弯曲，右腿保持直立。

③上体姿势：脚的位置站好后，上体向右侧转并向下弯身，使肩部拉起，上体前倾，与台面接近，头微抬起，下颌正中部位与手或球杆相贴，双眼顺球杆方向平视。

④面部位置：使球杆保持在额头中轴线上，双眼水平前视，使面部中线与球杆和后臂处在较为垂直的平面上。

（2）击球的技术动作。

台球的击球技术动作包括架杆、运杆、杆触球、随势跟进四个环节。

1）架杆。

架杆是用手给球杆一个稳定支撑和对杆头在主球的击球点进行调节的姿势。基本的架杆手势有两种：

①平背式：整个手掌放在台面上，除拇指外四指分开，手背微弓起，拇指跷起和食指根部相贴形成一个“V”字夹角，球杆放在夹角内。通过手指的弯曲和手掌向上抬起，可调节架杆的高度。

②凤眼式：手指张开，指尖微内向弯曲，用拇指和食指扣成一个指环，并与球杆成直角，手掌和中指、无名指、小指构成稳定支撑。

当主球停在球台中间或远离台边时，用正常的击球姿势无法击打主球，就必须使用杆架。杆架的长短和式样各异，用时一手持球杆的尾部，拇指在下，食指、中指在上，夹住球杆，无名指、小指自然弯曲，另一手将杆架置于适当位置，整体放在台面上，用手按住以防运杆、出杆时杆架晃动。

2）运杆。

确定击打主球的部位后，要尝试做几次往返、进退杆的运杆动作，运杆的目的是获得击球的准确性。身体要保持稳定，持杆后摆的幅度大小取决于所需的击球力量和杆头与主球间的距离，后摆动作要稳和慢，且出杆前控制好杆的平稳。

3）杆触球。

是球杆在后摆、停顿后完成的动作。以肘关节为轴，前臂向前送出，击球瞬间，动作应果断、清晰，手腕力量可根据击球目的进行控制。

4）随势跟进。

击球后球杆要随势跟进。它是为了确保击球力量充分作用在主球上和保持击球动作的协调连贯。

(3）基本击球方法。

球杆击主球的点叫击点。击点在球中心上部是“跟球”打法，击点在球正中部是“定球”打球，击点在球中下部是“缩球”打法，击点在球右中或左中部是侧旋和前旋的混合打法。

1）跟球杆法。

用撞点为中上部的杆法击球。本球碰撞目标球后，目标球被撞走，本球随之向前行进。

2）缩球杆法。

用撞点为中下部的杆法击球。本球碰撞目标球后，目标球被撞走，本球随之向后行进。

3）反弹球杆法。

反弹球杆法是利用撞台边后反弹使球落袋。因为落袋台球要求打指定球的时候多，所以使用反弹球的机会也较多。

4）薄球杆法。

瞄准方法是将本球与靠近目标球边缘连成线，以目标球侧面不到一个球的地方为瞄准点，然后对着本球撞击。这时可采用中下杆打法。这种杆法可避免乱出杆，它比其他打法更能防止碰撞目标球太厚。

5）空岸球杆法。

本球先碰台边一次，然后再碰撞目标球。它的基本原理是通过撞击本球的中心，使入射角等于反射角。

6）贴岸球杆法。

当球贴台边时，应离开球的半径瞄准，使主球在撞击目标球时也撞台边，可送球落袋。

7）综合撞击杆法。

本球瞄准目标球撞击，被撞击的目标球又撞击另外的目标球，并使其落袋，叫综合撞击。基本瞄准方法是用本球撞击，两个目标球的中心连接线在第一目标球的球面投影点上。

8）扎杆杆法。

扎杆是使球杆立起来撞击本球的一种击法，属台球的一项高级技术。扎杆前先靠近球台，两脚稍微分开，上体略前倾，脸部比杆稍向前些，面颊内收，将球杆立起约70°，击球时从球的上方给球以逆旋的力，使本球沿着弧线运动的同时，还向前移动。扎杆的撞点范围应在球的6/10同心圆内。

（4）瞄准方法。

1）中心瞄准点。

当主球中心点、目标球中心点及球袋口中心点在一条直线上时，采用中心瞄准点法击出直线球。

2）1/2瞄准点。

将目标球直径分成左、右两等份，主球的左边延长线与目标球的中心相重合，此时瞄准点恰好在目标球的右边缘上，球杆的击球点在主球中心的延长线上，这条线是向前瞄准的视线。

3）2/3瞄准点。

把目标球的直径分成左、中、右三等份，主球左边的延长线与目标球2/3相连，瞄准时看主球中心的延长线上的目标球的相应点。

2. 玩法与规则

（1）美式8号球式台球。

1）置球与开球。

目标球呈倒三角置于置球点，8号球须置于中央位置，三个角上分别是1、2、3号球，也可以任意摆放。争得开球权者，开球时击中球堆即为有效，但开球时击中了8号球或主球落袋或两者同时落袋，均须重新开球。

2）基本玩法。

将15个球分为两组，1～7号球为一组，9～15号球为一组，8号球是双方均需争夺的球。谁打哪一组取决于第一个被击落的球，当某一方将自己的一组球全部击落，即可击8号球，谁先将8号球击落袋中谁获胜。

也可以根据需要，指定球指定袋以增加难度和娱乐性，如2号球必须落入右中袋，8号球必须落入左中袋等。

3）失机与失误。

失机的情况有指击球不入袋、击中对方的球、主球落地或错击、空杆、连击、击球出界、击球时双脚离地等。

失误的情况有：击8号球时使其出界，在自己所属一组球未完全击落前将8号球击入球袋，击8号球时犯规等。若被判为失误，将输掉该局的比赛。

（2）斯诺克台球。

斯诺克台球共有22个球，即15个红色球、1个黄色球、1个绿色球、1个褐色球、1个蓝色球、1个粉红色球、1个黑色球（除红色球外的另外6个球也叫色球），1个白色球也叫主球。它是记分式台球，击球落袋即可得分。

1）开球线与开球区。

平行于底岸，距底岸内沿 70 厘米，且相交于两边岸的一条平行直线为开球线。以开球线中心为圆心，以 29.2 厘米为半径，向底岸方向画出的与开球线组成半圆形区域为开球区。

2）置球点与球的分值。

台面上共有 6 个置球点，球的摆法为：

黄色球 1 个，分值 2 分，位于开球区与开球线的右交点；

绿色球 1 个，分值 3 分，位于开球区与开球线的左交点；

褐色球 1 个，分值 4 分，位于开球区半圆的圆心点；

蓝色球 1 个，分值 5 分，位于球台两条对角线的交点；

粉红色球 1 个，分值 6 分，位于两腰袋和两顶袋组成的对角线的交点；

黑色球 1 个，分值 7 分，位于台面的纵向中轴线上距顶岸的垂直距离 31.8 厘米处；

红色球 15 个，每个分值为 1 分，位于粉红色球和黑色球之间、顶角和粉红色球接近而不相贴的一个正三角形区域；

白色球为主球，可以摆放在开球区中的任何位置上。

3）基本玩法。

①开球权与开球。

以猜硬币或其他方式决定开球权。开球时，主球须击中红色球，而且不能击空，也不能直接击粉红球，还不能主球落袋。否则，按规则罚分，且对方获得击球权。

②击球次序。

第一杆须击红色球，然后可在色球中任选一个，接着再击红色球，红色球与色球须相间击打；红色球落袋就留在袋中，色球入袋要取回放在原置球点上，直至红色球被全部击落，最后还要击落一个色球。红色球全部击落后，剩下的 6 个色球必须按分值从低到高一个个击打。

③记分方法。

击落红色球得 1 分，击落色球，按它的分值得分，21 个目标球总分是 42 分，如果每次击落一个红色球后都能击落 1 次黑色球，然后再将 6 个色球依次击入袋中，就可得到 1×15＋7×15＋2＋3＋4＋5＋6＋7＝147 分，因此，斯诺克台球一杆最高分可得 147 分。在打球时，如果犯规要罚分。斯诺克台球的规则非常严格，所罚分数不是在犯规这一方所得的分数中扣除，而是将所罚分数加给对方，最后累计积分高者获胜。

斯诺克台球中一切违犯规则的情形都要罚分，罚分多少由球的分值决定，最多的是黑色球 7 分，最少的是褐色球 4 分，其余不足 4 分的球均按 4 分处罚。

击球时，有下列之一者将被判犯规并罚分：球未停稳即开杆击球；击球时杆头触击主球两次以上；击球时双脚离地或服饰、身体、球杆等触动球；击球时推杆或击成空杆；用自由球做成障碍球；手中球未放在开球区内开球；击成跳球或击球出台，包括主球出台；使非活球被击中或落袋；主球同时撞击两个球，同时撞击两个红色球或一个自由球和一个活球除外；连续两次都击红色球。

④手中球与自由球。

主球被击出界，都是下一个击球者的手中球，即由对方获击球权，手中球能摆放在台面的任一点上，可击任何方向的球。

自由球也叫任意球，当击球队员犯规后，主球变成死角球或障碍球时，应判为自由球。改由对方击球时，可以指定任何非活球代替目标球，这个非活球就是自由球。如：红色球为目标球，选择了蓝色球为自由球，将其击落，等于击落了一个红色球，下一击应选择色球为目标球。

拓展案例

2009世界女子九球锦标赛在沈阳举行，年仅9岁的小球手姜藤虽然未能进入正赛，但她的参赛备受关注。有媒体称姜藤"走丁俊晖的路，打潘晓婷的球"。有人认为，"丁俊晖模式"不可复制，也有人认为，"丁俊晖模式"是未来体育人才的培养方向。现在的小姜藤，和当初的丁俊晖有太多的相似之处：同样是受到父亲的影响，同样是小小年纪就展示出过人的台球才华。与丁俊晖从小弃学专攻台球不同，小姜藤只是利用每天放学后的两个小时以及假期练习台球。在受到良好教育的同时，出于爱好并在家长乃至社会的关注下成为体坛明星，在我国体坛算是一种新型的人才培养模式，而这正是国外许多体育明星的成长之路。

正在沈阳的世界花式撞球协会主席伊恩·安德森表示："青少年培养意味着一个项目的未来，但是丁俊晖的模式并不值得提倡。丁俊晖的成功是一个很罕见的例子。我认为，不管从事什么运动，要想成功，还是要有良好的教育做基础。一边学习，一边进行训练，才是最好的方法。"

（三）网球

1. 基本技术

（1）握拍法。

握拍法是网球最基本的技术，它直接影响到拍子接触球的角度。世界上最流行的握拍法有东方式和西方式两种。一般认为，业余网球的基本技术首先应从东方式平地击球技术开始。

1）正手握拍法。

左手握住拍颈，拍面与地面垂直，拍柄底部正对身体；右手掌展开，放在拍面上，然后慢慢向拍柄底部滑动，手掌到达拍柄底部后，五指自然分开，如握手一般握住拍柄。

东方式握拍，亦称握手式握拍，由拇指与食指形成的"V"形虎口对准拍柄把手的右上斜面。

2）反手握拍法。

根据正手握拍法，把手向左转动或把拍子向右转动，使拇指与食指形成的"V"字形对准拍柄的左上斜面。

（2）击球（以右手持拍为例）。

1）正手击球。

从准备姿势开始，以右脚为轴，向右转肩、转髋，为了使两脚与肩同宽，左脚应前跨一步。身体左侧对球网，重心移到右脚，转体同时带动球拍直接后引，将拍面引至与身体平行；球拍高度齐膝，拍头略高于手腕，左臂微前伸，保持身体平衡。击球时，重心移至左脚上，并以左脚为轴向左转髋、转肩，带动右手臂向前迎击来球的中部，击球点在左脚侧前方。击球后，球拍随惯性挥至左肩上方，此刻迅速还原至准备姿势。

2）反手击球。

从准备姿势开始，以左脚为轴，向左转肩、转髋，右脚跨出一步使两脚与肩同宽。身体右侧对球网，重心移到左脚，转肩同时左手转动拍颈使右手成反手握拍法，并带动球拍后引与身体平行，击球肘贴近身体，左手轻持拍颈，拍头略低于来球。击球时，重心移至右脚，左手放开拍颈，以右脚为轴向右转髋转肩，带动右手臂由下向前上挥拍击球中部偏下，击球点在右脚侧前方。击球后，球拍随惯性继续挥到右肩上方，此刻迅速恢复成准备姿势。

3）双手反手击球。

当判断来球是向反手方向时，在移动到位的最后一步应保持右脚在前，身体右侧朝向球的方向。双手握球拍向左后挥摆，右臂伸展较大，左臂弯曲。在迎球过程中，挥臂与转体动作配合，使球拍由低向高挥动，击球点在右脚侧前方，拍面垂直，触球的中部。击球后，双手随势挥至右侧头部高度，重心移向右脚。动作完成后，迅速恢复成准备姿势。

（3）发球。

1）准备姿势。

可采用东方式反手握拍法，侧身站立在端线外中场标记旁，左肩对着左边网柱，面向右边网柱，两脚分开约与肩同宽，左脚与端线大约成45°，与端线平行，重心在左脚。左手持球轻托球拍在腰部，拍头指向前方。

2）抛球与后摆。

抛球与后摆拉拍两个动作是同步的，持球手掌心向上，拇指、食指和中指三指轻轻托住球。当球拍从身后向头上方做大弧度摆动，身体做转体、屈膝、展肩时，持球手柔和地在身前左脚前上举，直到伸直高至头顶。此时，右肘向后外展约与肩同高，拍头指向上方，左侧腰、胯成弓形，重心随着抛球开始先移向右脚，然后平稳地开始前移。肩与球网成直角。

3）击球动作。

当左手抛出球时，球拍继续向上摆起，这时候持拍手的肘关节放松，可以使向前转动的身体和右肩自动充分伸展。当身体向前上方伸展击球时，肩、手臂已回转，双肩与网平行。挥拍击球时，持拍手腕带动小臂有一个旋内的“鞭打”动作。

4）随挥动作。

球发出后，身体向体内倾斜，保持连续的向前上方伸展的随挥动作。球拍挥至身体的左侧（美式旋转发球球拍随挥至身体的右侧），重心移向前方，完美、自然地跟进，且保持身体的平衡。

（4）接发球。

由于接发球之前无法判断发球的方向、旋转、力量和速度，因此要接好发球必须掌握比较全面的技术。对手将球发出，要迅速做出判断和反应，并选择恰当的击球方式来完成接发球动作。

1）站位。

接发球站位一般位于端线附近，力求在接发球时向前移动击球。

2）注意力。

在接发球的过程中，眼睛要始终注视来球，直到完成还击动作；认真观察对方的抛球动作，这样可以有效判断发球的方向和旋转等。

对方第一次发球时，由于有两次机会，所以多采用大力发球，此时站位应偏后一些。接大力发球时，引拍动作不能过大，需要控制好拍面角度且握紧球拍，还击球之前要观察对方的行动，选择回球的线路和落点等。第二次发球时，可略向前移一点。

（5）截击球。

1）正手截击球。

截击球时，需要站在网前 2.5～3 米的位置，准备姿势与上述击球基本一致，只是球拍要举得稍高一些，约到眼部。截击球时，注意后摆动作要小，击球点保持在身体前方，拍触球瞬间手腕固定，用力握紧球拍，略加向前推击的动作等。截击较近的球时，左脚跨出一小步，截击较远的球则需要跨出一大步。

2）反手截击球。

准备姿势同正手截击球；击球点要比正手截击球靠前一些，所以要及早跨出右脚，重心也要在右脚。击球时，要注意手腕固定，紧握球拍，拍面稍前倾，触球的中上部等。击球后，右臂伸展，向前下方压送。

（6）高压球。

高压球的动作与发球的动作相似，但没有向后拉拍的挥拍动作，而直接把球拍引向头后。高压球时，要注意及时侧身，早举拍看准来球，找准击球点等。

（7）挑高球和放短球。

挑高球是指使还击的球越过对手头顶落入对方场区；它可以有效地迫使上网的对手后退回去。

放短球是在网前突然回击近网短球，使活动在底线的对手来不及还击。放短球时，要注意多用手腕动作，且带有削击等。

（8）步法。

1）准备击球的步法。

两脚分开与肩同宽，面对网，腰略弯，膝部微屈，脚跟微微提起，身体重心落于前脚掌。

2）击球步法。

侧身，两脚前后开立，重心移至后脚。击球时，重心由后脚移到前脚，带动手臂、球拍及腰部动作，使全身力量协调地通过球拍击球。击球后，后脚自然跟进，保持身体平衡，恢复准备击球的姿势。

3）移动步法。

可分为交叉步和垫步。交叉步，如同走路，左、右脚一前一后跨步向前，不同时着地，它的步子大、速度快，适于左右或向前快速跑动。垫步时，若向左移动，先跨出左脚，带动右脚向左移动，它可用于小范围内调整身体与球的距离。

4）上网技术。

发球后上网：是发急速旋转球后，借助球在空中飞行时间较长的特点，能使自己有足够的时间向前移动上网；随球上网：即乘机上网，击球后，在使对方回球困难的前提下，给自己创造上网的机会。

2. 玩法与规则

（1）发球。

1）发球前的规定。

发球员在发球前应先站在端线后、中点和边线的假定延长线之间的区域里，用手将球抛向空中任何方向，在球接触地面以前，用拍击球（仅能用一只手的参与者，可利用球拍将球抛起）。球拍与球接触时，就算完成了球的发送。

2）发球时的规定。

整个发球动作中，发球员不得通过行走或跑动来改变原站的位置，两脚只准站在规定位置，不得触及其他区域。

3）发球员的位置。

每局开始，先从右区端线后发球，得或失一分后，换到左区端线发球；发的球须从网上越过，落到对角的对方前场方块区域内或其周围的线上。

4）发球失误。

发球失误的情况有：未击中球；发出的球，在落地前触及固定物（球网、中心带和网边白布除外）；违反发球站位规定等。发球员第一次发球失误后，在原发位置上可进行第二次发球。

5）发球无效。

发球触网后，落到对方发球区内，接球员未做好接球准备，应重新发球。

6）交换发球。

第一局比赛终了，发球变成接球，接球员变成发球员。以后每局终了，均依次相互交换，直到比赛结束。

（2）通则。

1）交换场地。

双方须在每盘的第 1、3、5 等单数局结束后，及每盘结束双方局数之和为单数时，交换场地。

2）失分。

球第二次着地前，未能被还击过网；还击的球触及对方场区界线以外的地面、固定物或其他物件；还击空中球失败；故意用球拍触球超过一次；参与者的身体、球拍，在发球期间触及球网；过网击球或抛拍击球。

3）压线球。

落在线上的球都应算作界内球。

（3）双打。

1）双打发球次序。

每盘第 1 局开始时，由发球方决定由何人先发球，对方则同样在第 2 局开始时，决定由谁先发球。

第 3 局由第 1 局发球方的另一球员发球；第 4 局由第 2 局发球方的另一球员发球。

以下各局均按此秩序发球。

2）双打接球次序。

先接球的一方，应在第 1 局开始时，决定何人先接发球，并在这盘单数局，继续先接发球。

对方同样应在第 2 局开始时，决定何人先接发球，在这盘双数局继续先接发球。

双方另一名队员应在每局中轮流接发球。

3）双打还击。

接发球后，双方应轮流由其中任何一名队员还击。若队员在其同队队员击球后，再以球拍触球，则要判本方失分。

（4）计分方法。

1）一局。

每胜 1 球，得 1 分，先胜 4 分者可胜 1 局；双方各得 3 分时为“平分”，平分后，净胜两分者胜 1 局。

2）一盘。

一方先胜 6 局，称作胜 1 盘；双方各胜 5 局时，一方净胜两局，为胜 1 盘。

3）决胜局计分制。

每盘的局数为 6 平时，有以下两种计分制。长盘制：一方净胜两局，为胜 1 盘。短盘制（抢 7）：决胜盘除外，除非赛前另有规定，一般如下执行：先得 7 分者，为胜该局及该盘（若分数为 6 平时，一方须连胜两分）；首先发球员发第 1 分球，对方发第 2、3 分球，然后轮流发两分球，直到比赛结束；第 1 分球在右区发，第 2 分球在左区发，第 3 分球在右区发；每 6 分球和决胜局结束，要交换场地。

资料链接

李婷的奥运金牌、李娜的法网冠军，让世界认识了武汉人的网球天分，要想将这一优势延续下去，还得“从娃娃抓起”。湖北省网球协会支持的“爱网球”在青少年宫举行亲子体验活动，免费向孩子普及网球知识、体验网球运动。“爱网球”是一个互动学习交流平台，利用电子商务平台的方式，与省内多家网球俱乐部、楼盘社区和高校联合，以培训为主题，为爱好者提供最方便优惠的参与这项运动的机会。负责人杨鲲鹏曾是李娜当年在湖北队的队友，他认为，如果对网球场馆等多方面资源进行有效的整合，就能够让“快乐网球”更加平民化，而当更多成年人切身体会和认可了网球项目的优越性之后，必然会积极主动引导下一代参与其中；省网协副秘书长任光华表示，希望这个网络平台让更多人爱上网球，也许还可以培养出“下一个李娜”。

二、室内其他休闲体育项目

（一）体育舞蹈

体育舞蹈也称“国际标准交谊舞”，是以男女为伴的一种步行式双人舞的竞赛项目。分两个项群，十个舞种，其中摩登舞项群含有华尔兹、维也纳华尔兹、探戈、狐步和快步舞；拉丁舞项群包括伦巴、恰恰、桑巴、牛仔和斗牛舞。

1. 基本技术

（1）足部动作。

包括足跟、足掌、足尖、足内侧、足外侧的动作。

（2）重心移动。

人体移动时，身体重心是靠胯部以下的肌肉、关节支撑用力的，舞动时，是由左右脚的换步运动的。因此，准确运用胯、膝、踝、趾关节的承受力，是保证身体重心的基础，也是保持稳定性和身体控制能力的条件。

（3）力量的平衡。

力量的平衡在体育舞蹈中十分重要，同样在现代舞中，由于男女舞伴是同步、同位运动的，所以要求他们在运动中保持力量平衡，特别是某些动作，如转动或超过180°的旋转动作。由于旋转中会产生离心力，这种离心力要用男女舞伴的平衡感觉加以控制。

（4）姿势和谐。

要想实现姿势和谐有美感、动作自如流畅，男女舞伴应当先各自按每个动作的技术要求去做。如在交手练习中，胯、腰、肩部等要放松，重心放在脚上，颈和头部要向上引，挺拔起来，这样才能显现出优美的姿势。

（5）升降动作。

同样以现代舞为例，除探戈舞没有升降动作之外，其他几种都有。升降动作通过膝、踝、趾关节的屈和伸的动作转换实现。正确的升降动作，可以保持身体重心的稳定和步法的滑动。必须认真练习升降动作，能够自由地控制身体，使升降动作像一条起伏连绵的波浪线，不断地飘荡着。

（6）摇荡。

摇荡是一个很重要的技法，它是区别一般选手和优秀选手的标志。优秀选手必须具备摇荡技法，这样才能称为舞动。为了实现美感，要将胯部作为中心点，在身体的升降中把整体摇荡起来，对于跳华尔兹舞，这个动作更显重要，做好这个动作才能跳出有升降动作舞蹈的特性。

（7）摆动。

摆动只有在做一些特殊动作时才可能用到，如右推转、双左旋转、电纹步，以及各种轴转步等。由于需要在转动中保持身体平衡，所以不用脚的升降动作调节平衡，而是用身体平稳的摆动来完成。

（8）反身动作。

人在走路时，迈出左脚必然会甩出右手，这样身体才能向前运动。人体运动力学表明，左肩与右腿的相对力成一对角线。人体前进、后退或左右转动时，都是在这种对角力中运动的。在跳舞时，要充分运用人体力学原理，如跳有转度的动作时就记住一定要有反身动作，否则是找不到发力点的；向右转动应用左肩引导，同理向左转动应用右肩引导，这样才能产生旋转度。

（9）倾斜。

指舞者的身体平衡线与地面水平线相比，舞者的身体成倾斜角度。在现代舞中，倾斜姿态是一种美的线条和姿势，常被人们认同为一种美感。这个技法是在现代舞中出现的，它是在升降动作和摇荡及反身动作中自然产生的身体倾斜。

2. 规则

（1）基本技术的掌握。

观看脚下动作、姿态、用力的均衡性、重心移动等。

（2）音乐韵律的运用。

除动作和舞曲做到吻合外，还要看身体动作表达音乐旋律的艺术性和节奏感。

（3）舞蹈特性的表现。

恰如其分地表达出各种舞蹈的不同风格和特性等。

（4）舞蹈动作的编排。

要求动作有感染力和艺术性，并有一定的技术难度，动作的编排连贯、流畅、新颖、巧妙，运用自如，编排有章法，能充分利用场地。

（5）临场表现的情况。

看自我控制的临场发挥情况及赛场应变能力，是否有良好的竞技状态及专注和自信。

（6）赛场整体的效果。

看选手的风度、气质、仪表及出入场的总体形象。

（7）比赛场地的利用。

场地长 23 米、宽 15 米，选手按逆时针方向运行，交换舞程线时应过中线。

还有一些规定：不许在同类舞场中交换舞伴；准时入场，违者按弃权处理；编组后不能改变组别；摩登舞比赛必须男女交手跳舞；等等。

（二）瑜伽

“瑜伽”一词来自印度语“yuga”或“yuj”，意为“一致”、“结合”或“和谐”。瑜伽是通过提升意识，帮助人们充分发挥潜能的哲学体系及其指导下的运动体系，它运用古老而易于掌握的方法，提高生理、情感和精神等方面的能力，能达到身体、心灵与精神的和谐。

1. 呼吸

人平时的呼吸在瑜伽呼吸定义中被称为“肩式呼吸”，而瑜伽的呼吸方法是一种特殊的方法，称为“完全呼吸法”，它是同时运用腹部、胸部和肩部三合一的呼吸原则，对呼吸重新调整而达到“调息”的呼吸练习方法。瑜伽呼吸由三个部分组成：吸气、悬息、呼气。吐气是最关键的部分，吐出去的废气越多，才有更多机会吸入氧气。

应注意：意识集中于一呼一吸上。一般情况，只用鼻腔呼吸（鼻腔对灰尘和细菌有过滤作用）。吸气时，犹如品尝空气一般，缓慢深长地吸入；呼气时，犹如蚕吐丝一样，细而悠长，将体内的废气排出。保持躺、跪、坐的姿势时，眼睛可闭上，向内集中注意力；保持站立的姿势时，为了保持身体平衡，要睁开眼睛。瑜伽呼吸练习适宜在每天早上或睡前10—20分钟进行，若要达到养身的目的，时间可延长。采用的姿势是坐姿或卧姿，宽衣松带，双手自然放置身旁，头、颈、脊柱成一直线，全身放松，始终保持自然、轻松的呼吸。

2. 静思与冥想

瑜伽的实践是将“体位法、呼吸法、冥想法”三者融为一体，达到身心合一的境界。在练习瑜伽体位法时，每个动作完成后的静止过程中，闭上眼睛，配合缓慢深长的呼吸，用心体会动作刺激身体的所在部位，即从姿势的名称联想相应的图像。如“树式”姿势练习，想象身体像棵沐浴在阳光下充满生机的树，脚像从大地吸取养分的有力树根，生命由此变得充满活力和自信。

冥想的关键并不是在于人们保持思想清晰和集中的时间有多长，而是在于培养反复转移注意力到某个选定目标上的能力。这里介绍两种冥想的技巧：（1）注意力集中于呼吸，仔细观察和感受呼吸过程，在任何情况下都不改变呼吸的节奏。注意力集中于某一物体，如一支点燃的蜡烛、一枝花或者一块带条纹的石头等，当注意力分散时，重新把注意力集中到这些物体上。（2）闭上双眼，脑子里默想着烛焰、花或石头的样子，直到它们逐渐从脑子里消失；然后睁开眼睛，再一次凝视眼前的蜡烛、花或石头。重复进行。

3. 姿势

瑜伽姿势又叫瑜伽体位法。印度瑜伽先哲帕坦迦利所著的《瑜伽经》将体位法定义为“将身体置于一种平稳、安静、舒适的姿势”。瑜伽体位法通过身体的前弯后仰、扭转侧弯、俯卧、仰卧等各种姿势，对人体脊柱、中枢神经、骨骼、肌肉、内脏等进行全方位的刺激与按摩，并配合自身的呼吸、消化、体液分泌物的运转循环，激活身体潜能，提升体内的优良素质，增强人体的免疫力。

4. 松弛法

瑜伽松弛法又称瑜伽休息术。放松应是一种主动、清醒、意念集中的放松，这样才会产生松弛的感觉。练习体位法后，可接着做十分钟的松弛训练，通过松弛来消除运动带来的紧张。具体方法如下所述：

（1）双眼轻闭，采取仰卧姿势，双腿分开20—30厘米，双臂放在身体两旁，两手掌心向上，膝盖和脚趾自然放好。

（2）深呼吸，手臂和腿部轻轻向里和外转动几次，头部也轻轻转动几次，然后停止身体的一切动作，感受身体的放松状态，开始让身体有融化的感觉，每一次吐气都感觉身体不断下沉，接下来让意识从下往上慢慢放松身体的每一个部分，做缓慢、平静的呼吸。

（3）放松每一个脚趾、脚背、脚底、脚踝、小腿、膝盖、大腿、髋部，随着吐气的动作，放松腰部，感觉身体下沉。

（4）继续让意识上行，放松肋骨、胸部、心脏、肩膀、上臂、下臂、手肘、手腕、手掌、手指。

（5）继续调匀呼吸，开始放松颈部、下巴、脸部肌肉、嘴、牙齿、舌头、鼻子、眼皮、眼睛、眉心、前额、太阳穴、头顶、后脑勺、整个头部，接着放松整个身体的背部：上背、中背部、下背部。

（6）放松整个脊柱。

（7）放松腰部大腿、膝盖和小腿的后侧。

（8）整个身体的每一部分都变得十分放松，呼吸也随之越来越放松、越来越稳定。可根据自身情况反复 2—3 次，直至身心完全平静、放松。

（9）最后慢慢睁开双眼，从右边侧身起，结束。

总之，瑜伽是以下 4 个阶段 8 个步骤的综合，思想准备：道德规范和自身内外净化；肉体训练：体位法和呼吸法；初步静坐修持：控制精神感觉和集中意识于一点或一件事；冥想静定：冥想静定状态和进入“忘我”状态。

资料链接

当今最惹火的健身方式都有哪些呢？看看最新的排行榜吧。从大家熟知的肚皮舞到风情万种的钢管舞，让你愈健身愈美丽。第一名，钢管舞；第二名，双人瑜伽；第三名，肚皮舞；第四名，水中健身操；第五名，拉丁健身操。你是不是也有兴趣选择一种进行尝试呢？

资料来源：中国大众体育网。

（三）水中健身操

水中健身操是优雅韵律、表情和水中技巧的结合，是培养良好身体姿势和健身、健体的有效运动。水中健身操一般由热身练习、有氧练习、肌肉力量强化练习、整理放松四部分组成。它在国内刚刚兴起，练习的动作尚在探索，这里介绍几种基本动作。

（1）踏步：踏步动作强度较低，在运动过程中，至少有一只脚与地面保持接触。要点：做动作时膝关节尽可能抬起，但不要露出水面，上体保持正直。落地时由脚尖过渡到全脚掌。

（2）走步：在水中前、后、左、右、斜向走，弧形走。要点：步伐要均匀，不要太大。

（3）前踢：双手叉腰，单腿站立，一腿弯曲抬起，并使大腿尽量与上体保持 90°，小腿与大腿保持 90°，然后小腿逐渐伸直。要点：抬腿时大腿不要露出水面，伸腿时脚尖、膝盖绷紧，上体保持直立。

（4）侧踢腿：双手扶池边，单腿站立，大腿向侧抬起，尽量与身体成 90°，小腿做屈伸练习。要点：向侧抬起腿时膝盖向前，身体直立。

（5）后踢腿：双手扶池边，单腿站立，另一腿尽量向后抬起，小腿做屈伸练习。要点：向后抬腿时髋要正，身体直立。

（6）腰部练习：双脚开立，一手叉腰，另一手手掌向内，并向侧伸展，腰侧屈。要点：做侧屈动作时，身体不要向前倾，不要收髋。

（7）双手划水练习：双脚开立，双手五指并拢，并向内、外按 8 字划水。要点：手臂划动时，手腕要绷紧，不要翘手。

（8）摆臂练习：双脚前后分开成弓步站立在水中，双手五指并拢，上臂向下垂直，肘关节夹住腰间，前臂向后推水。要点：前臂向后推水时要力，但双手不要露出水面。

（9）背部练习：双脚开立，平稳地站立在水中，双手五指并拢，两臂伸直放于身体前方，同时向后划水。要点：双手向后划水时，背部收紧，双手尽量向后划。

（四）器械健身

健身房有齐全的器械设备、较全的健身及娱乐项目、专业的教练进行指导和良好的健身氛围，具有综合性强、占地面积小、适应性强等特点。在健身房不仅能锻炼肌肉，让身材更有型，也能认识朋友。健身器多达近百种，大致可分为三种类型。

1. 全身性健身器械

属综合性训练器械，如 10 项综合训练器、家用 16 功能健身器等，可供多人同时在一个器械上进行循环性或选择性练习。这种健身器械体积较大，功能较全，价格不菲，适合健美中心、康复中心及机关或健身房使用。诸如多功能跑步机虽属全身性的健身器械，但它只是在单功能跑步机的基础上增加了划船、蹬车、俯卧撑、腰部旋转、按摩等功能，所以体积并不很大，同样适合家庭。

2. 局部性健身器械

属专项训练器械，结构小巧，占地 1 平方米左右，多数能折叠，还兼具趣味性。功能相对单一，主要侧重局部肌群的锻炼。此类器械既有以配重砝码、液压拉缸为重载的力量型，也有以自身为动力的非力量型，无须拆装组合。有的还配有时间、速度、距离、心率显示功能等。常见的局部性健身器械如健身自行车、划船器、楼梯机、跑步机，以及小腿弯举器、重锤拉力器、提踵练习器等。

3. 小型健身器械

体积虽小，锻炼价值并不低。以可调式哑铃为例，它不仅适合不同年龄、性别和体质的人进行练习，而且可以使全身各部肌肉得到锻炼，更是健美爱好者的必备器械；再如弹簧拉力器，轻便小巧，价格低廉，既便于存放，又易于携带。而像健身球一类的小型健身器，则最适合中老年人使用。

北京市不同等级健身房的收费标准。

◆ 查一查

拓展案例

张先生和朋友一行三人来到休闲体育活动中心，想打保龄球，但是他们希望邀请一名服务人员为他们提供服务。服务员李君热情地接待了张先生和他的朋友，李君先简要述说了保龄球的基本知识，让张先生等人对其有一个初步印象；接着讲解和示范了保龄球的4步助跑、握球方式以及预备姿势等，还为张先生等人介绍了记分方法和规则以及记分机的使用。张先生等人在初步了解情况之后，开始进行无球的模仿练习；随后，李君又根据他们各自的情况为其选择了适量的球，他们拿到球之后尝试了几次，感觉不错，就开始记分比赛了。这期间，李君还不时地进行现场巡视指导，帮助张先生等人纠正错误动作，并提示他们一些注意事项，他们对李君的服务感到非常满意。

服务人员在服务工作中会经常遇到类似的情况，由于服务对象是初学者或者是技术不熟者，所以常常找到服务人员，希望得到他们的专业指导，以避免因姿势不对而带来损伤，并增加活动的娱乐性和产生健身效果。服务人员应该懂得休闲体育活动中心一些常见项目的基本技术和规则，以便对服务对象进行有效的指导和提供优良的服务。

资料链接

1. 阳光健身俱乐部位于北京青年宫主楼北侧三楼，场馆面积2 000平方米，主营项目有器械健身、羽毛球并开设各种舞蹈培训及健身操、跆拳道、合气道等专业课程。俱乐部始终以“坚持公益、服务青年”为经营、服务理念，充分发挥体育健身、休闲娱乐的双重动能，并依托青年宫及青年阳光健身中心的诸多项目资源优势，以严格的管理、优质的服务、整洁的环境、一流的设施，提供了一个全方位的健身场所。

2. 北京体育健身总汇以过硬的产品质量、真诚的服务理念、全面的售后服务、诚实守信赢得广大消费群体的信赖。公司专业生产销售篮球架、室内健身器材、有氧系列器材、室内外乒乓球桌、台球桌、排球系列、羽毛球系列、网球系列、体操系列、田径系列、全民健身系列等体育器材、休闲用品。公司贯彻坚持“质量第一，用户至上，优质服务，守信合同”的服务理念。

资料来源：http://www.bj-kdty.cn/about.asp。

3. 北京东方神箭体育休闲设备有限责任公司是专业开发和生产各种运动休闲设备的大型休闲体育设备工程公司。东方神箭公司以市场需求为导向，以“创新、务实、精益求精”为企业的经营理念，把用户的需求作为企业发展的根本动力，把“用户满意”作为企业追求的最终目标。

资料来源：http://beijing.edeng.cn/jiedaoxinxi/14799938.html。

北京市一些著名休闲体育中心的服务理念是什么？

◆ 查一查

二、服务的流程

确立了本企业或中心的经营项目和服务理念后，就要把每个服务项目或多个服务项目以良好的程序提供给服务对象，这样才能既便于严格管理又方便服务对象，既提高效率又降低费用。所以，设计服务流程是休闲体育企业或中心各项设计中不可缺少的一环。现在休闲体育企业或中心有自身的特殊性，不能完全照搬一些著名企业或中心的流程，而需要结合本企业或中心的具体项目和服务理念设计。下面将着重介绍服务流程设计的原则和方法。

（一）原则

1. 方便服务对象原则

任何一项服务，首先要考虑满足服务对象的各种需求。服务对象消费服务项目，乐趣在项目活动上，如果在使用项目前后需要进行繁杂的手续，虽然方便了经营单位，但会遇到服务对象的反感。因此，要设计合理的办理手续的程序，尽量减少服务对象的时间。

2. 高效原则

在方便服务对象的同时，还要减少服务人员的不必要的程序，体现高效率的效果，从而提高休闲体育服务质量，减少劳动力的成本。

3. 便于监督原则

休闲体育服务的项目较多，环节也较多，要在保证方便服务对象和减少程序的同时，又要使各个环节相互监督，便于控制。否则，既会影响休闲体育企业或中心的经济和形象，又不利于考核服务人员的绩效。

4. 便于电脑运用原则

休闲体育作为一种现代化产物，不仅设备、环境要求现代化，服务、经营也需要现代化，

其主要手段就是电脑在休闲体育服务中的应用。休闲体育经营服务流程各个环节的各种数据、信息沟通、数据汇总等，都可以使用电脑完成。

（二）方法

1. 明确本企业或中心的经营项目与特点

设计服务流程前，需要明确本企业或中心的各项经营项目、同一经营项目的消费档次等；根据这些情况，具体考虑每个服务项目的流程。例如，某中心推行会员制或贵宾卡，服务对象每次消费固定项目，都配有免费供应的固定品种和数量的饮料；那么，消费固定项目与饮料只需要签一次字就可完成。

休闲体育企业或中心有些项目设施距离较远，例如，吧台提供饮料距离客人使用有一定距离，或者因为吧台面积较小，提供冷饮的能力有限，就可以在其他服务项目现场提供小冷柜，事先放入少量各种饮料。如果服务项目是单间形式，只要最后一次记账即可。

2. 设计多种服务流程方案

这项工作可在调查其他休闲体育企业或中心的基础上进行，召集有关专家提出自己的想法，对不切实际的想法予以否定，将可行的方案进行总结分析，提出一组可行的流程方案。例如，方案一，服务对象到中心，由接待员登记，然后引领服务对象到需要的项目处。服务对象使用时，由项目服务员记录使用情况，将账单送至总收银台。方案二，前部分流程同方案一，后部分不同之处是各个项目分别设收银人员。

将各个设计流程方案分别做评估，选择最合乎本企业和中心实际的又不违反设计原则的方案，再进行优化，产生最可行的流程。

3. 设计不同的手续制度

服务对象在消费同一项或多个项目时，会有多种形式，应根据不同形式采取不同的手续制度，例如，零散单项消费、零散多项消费、会员消费、零散优惠消费、团体消费、不同付款方式的消费等，各种消费形式在某些环节有所区别，需要设计不同的手续制度。

4. 设计科学的表格

服务流程产生的经济效益，体现在财务上主要是表格形式。表格设计得是否合

理，关系到经营效果的好坏。设计各种表格时，既要方便服务流程，又要为财务提供信息。

5. 模拟实施服务流程

将设计好的流程和表格交给部分服务对象，一部分服务人员扮成服务对象，模拟实施服务流程，然后观察流程的利弊，分析比较，再优化服务流程，从此完成一个服务流程设计的循环。

最后，需要强调的是，一个优秀的服务流程不是永恒不变的，需要根据环境的变化、服务对象的要求等因素进行调整。

资料链接

以北京某体育休闲部门的休闲体育服务流程为例进行简单介绍。

这家体育休闲部门以高尔夫球为主要经营项目，以俱乐部形式为特点，兼营各种洗浴、室内游泳、保龄球、台球、电子游戏、棋牌、卡拉 OK 等项目，其服务理念是，“我用心、你舒心”。因此，初步设计了如下两种方案：

迎宾——总服务台登记——领位员领服务对象到需要的服务项目地点——由项目服务人员服务——由领位员记账——领位员到总服务台记账——领位员送客。

迎宾——由领位员领位——服务人员服务——服务人员记账——服务人员到总服务台记账——送客。

综合考虑各种因素，选定了第一种方案，并为不同消费形式设计了手续制度，如服务对象是会员或优惠卡消费或免费消费，凭会员证、优惠卡、免费消费卡在总服务台登记，项目服务处应做记录，在结账时签字并在优惠卡或消费卡上做记录。

这里关键的一步是设计表格，这样有助于严格控制整个经营过程。下面介绍两种表格：

(1) 总台登记使用表格。

年　　月　　日

到时：__________　　单位：______________________________

离时：__________　　人数：__________

项目	单价	数量	时间	合计	服务人员	备注
合计						

支付方式：　　现金__________支票__________信用卡__________

其他形式签字：会员__________优惠卡________免费卡__________

收银员：__________　　领位员：__________

(2) 项目服务员使用表格。

年　　月　　日

到时：________　　　　离时：________

项目	区号	单价	数量	时间	合计	备注
合计						

服务员：________

三、服务的规范

休闲体育服务人员塑造个人礼仪形象在服务工作中具有重要意义，普及和推广服务礼仪，不仅有助于提高服务人员的个人素质，进一步提高服务水平和服务质量，更好地满足服务对象的需求；还有利于维护服务单位的整体形象，创造更多的经济和社会效益。因此，休闲体育服务行业的人员需要了解、掌握和遵守服务礼仪的规范要求，具体而言，服务人员应当掌握有关仪容、服饰、仪态和语言等方面的规范，做到仪容美、服饰美、仪态美和语言美，营造温馨、和谐的活动氛围。

(一) 仪容

所谓仪容，就是指服务人员的外表和容貌，是服务人员精神面貌的外在表现。好的仪容能体现出服务人员的内在素质和外在形象，它是先天的自然“美”与后天的修饰“美”的统一。

首先，服务人员的自然“美”指容貌、形体、姿态等优美。服务人员五官端正、体格健美、身段协调等，是选择服务人员的基本条件。

其次，服务人员的修饰“美”指服饰穿着得体、面容修饰恰当、外形设计整洁等。服务人员穿衣正式、化妆适当、整体美观等，是需要服务人员注意的。为了给顾客留下美好的形象，光天生丽质是不够的，也需要注意修饰自己的外表。

因此，休闲体育服务人员应该向服务对象展示体育运动的魅力，以及向服务对象宣传体育运动带来的健与美。但是，服务人员也不必过分注重仪容，做到清洁、自然、健康就行。

(二) 服饰

所谓服饰是指帽、巾、衣、裤、鞋、袜、首饰、箱包以及各种配件、饰品等。为了体现出对服务对象的尊重和塑造形象，作为服务人员来说，其服饰往往有一定的要求，他们应该穿着符合职业特点和运动要求的服饰。

合格的休闲体育人员的服饰，不是要求其服装多么华丽和有个性，饰品多么出众和精致，而是需要得体和适宜，这样能够适应工作的需要、塑造职业形象、展现个人素质等。休闲体育服务人员的服饰，应当体现出休闲体育运动的特点：方便耐用和适当，还应注意整洁和雅观；有些服务人员可能不进行体育活动，如果需要，可少量佩戴，但是仍然要注意：不宜佩戴工艺饰品和珠宝，若要佩戴应协调。

（三）仪态

所谓仪态是指服务人员的身体所呈现出来的姿势，也就是身体的具体造型。仪态有动和静之分，对于休闲体育服务人员来说，不仅要注重自身的仪态，还要通过观察服务对象的仪态揣摩服务对象的心理。

由于休闲体育服务工作自身的性质所决定，在服务过程中，服务人员应在站、坐、行、手势和表情等方面下足工夫，务必重视体态语的正确使用。

1. 站立

服务人员用到比较多的就是站立，具体来说有站姿或立姿。站立姿势是全部仪态的基本点。基本的站姿：从正面看，应头正、肩平、身直；从侧面看，应含颌、挺胸、收腹、直腿。学会了基本姿势之后，不同性别的服务人员还有不同的性别特点，在遵照基本姿势的基础上，还应该有些许变化：男性站立时，将双手相握，叠放于腹前，抑或是相握于身后；两脚可以叉开，与肩同宽。女性站立时，将双手相握或叠放于腹前；双脚以一条腿为重心，稍许叉开。

主要有三种常用的站姿：叉手站姿（双手交叉于腹部前面，右手搭在左手上直立；男性可以双脚略分开，女性可以使用小丁字步）。背手站姿（双手背于身后交叉，右手贴在左手外面，位于臀部中间；两脚可以呈大约60°夹角分开，与肩同宽，脚尖展开）。背垂手站姿（多见于男性服务人员，一手自然下垂，中指对准裤缝；一手背于身后、贴在臀部；双脚既可以分开，亦可以合拢，或使用小丁字步）。

资料链接

> 某休闲体育服务中心服务人员张超，没有认真学习正确的站姿，在服务过程中，常违反礼仪规定，身体歪斜、全身乱动、腰弯驼背、半坐半立、趴伏依靠、手位不当、双腿大叉、脚位不当等现象屡见不鲜。后来他自己都觉得这样既不雅观，又缺乏礼貌；于是，向站姿比较好的朱立请教。经过朱立一周的示范和讲解，以及自己的练习，张超已基本克服不当的站姿，有了不错的“站相”。

2. 坐姿

应当明确：允许自己采用坐姿时，才可以坐下；在坐下之后，尤其是在外人面前坐下时，务必要采用正确的坐姿。

正确的坐姿包括以下两点：上身与大腿、大腿与小腿都呈直角，小腿垂直于地面；双膝、双脚包括两脚的跟部都要完全并拢。在性别上也有不同要求：男性可分开双膝，但不应过肩宽；女性可将双腿上下交叠，交叠后两腿之间没有任何缝隙，也可两腿并拢斜放。

另外，在入座和离座时也有相应的要求。入座，也就是落座，它要求服务人员在服务对象之后入座，在适当的位置入座，从座位左侧入座，要没有声息地入座，以背部接近坐椅，坐下后调整体位等。离座，也就是服务人员起身离去，它要求先有表示，注意先后，起身缓慢，站好再走，从左离开等。

3. 行进

所谓行进姿势，又称作行姿或走姿，指的是服务人员在行走时所采取的具体姿势。服务人员既要体现优雅、稳重，又要保持节奏、步幅，展现出动态美感。要达到的要求是：身体协调、造型优美、重心放准、步幅适度（与一只脚的长度相近）、步速均匀（每分钟 60～100 步）、方向明确等。

4. 手势

手势是指服务人员在运用手臂时，所表现出的具体动作与体位。手势的规范主要体现在：递接物品，服务人员主动上前、双手递接。将有文字的物品交给服务对象时，还应使物品正面面对对方；将带尖、刃或其他易伤人的物品递于服务对象时，不能将尖、刃直指对方。

（1）展示物品：服务人员要将展示物品正面面对服务对象，举至一定的高度，当四周都有观众时，展示物还应变换角度。在口头介绍的时候，要口齿清楚、语速舒缓；在动手操作的时候，要手法利索、速度适宜，并进行必要的重复。

（2）举手致意：服务人员应全身直立、面对对方，上身与头部要朝向服务对象，手臂上伸、掌心向外。

（3）招呼别人：服务人员要使用手掌，不能仅使用手指；且掌心向上，不宜掌心向下。

5. 表情

所谓表情是指服务人员或服务对象面部所呈现出来的具体形态。服务人员的表情应当遵循谦恭、友好、诚意的原则，并恰当地运用好眼神和笑容。另外，观察服务对象的表情神态时，服务人员往往以其面部为主要的着眼点。

（四）语言

语言，是人类所特有的用来表达思想、交流情感、沟通信息的工具。服务人员在选择和使用语言时，要表现出良好的文化修养和职业素质，准确地运用文明、高雅、恰当和标准的语言，主要包括：礼貌用语、文明用语和行业用语。

之所以要求服务人员使用礼貌用语，主要是为了向服务对象表现出自谦、恭敬之意。根据使用场合的不同，服务人员常用的礼貌用语一般可划分为问候语、迎送语、请托语、征询语、应答语、赞赏语、道歉语等七种。

礼貌用语要求服务人员在使用语言时必须讲究文明、注意修养。这些都需要服务人员在理论上和实践中不断地“修行”才能实现，如称呼恰当、用语文雅、口齿清晰等，使用普通话且语速正常（每分钟60～80字为宜）。

休闲体育行业用语是用来说明活动专业性、技术性问题的用语。在休闲体育服务过程中，服务人员需要向服务对象介绍服务项目、技术要领、操作规范、注意事项等，因此，行业用语在服务过程中是必不可少的。在使用行业用语时，服务人员应把握好适度原则，做到以下两点：实事求是和解释清楚。

上述介绍了服务人员的个人礼仪规范，在服务工作中，还应按照相应的岗位礼仪规范自己。由于岗位的特点，服务礼仪规范应当遵循文明服务、礼貌服务、优质服务的标准。按休闲体育服务过程中的阶段划分，将休闲体育岗位服务规范分为：上岗前准备规范；岗位服务礼仪规范；离岗前工作规范。

岗位服务礼仪规范主要包括态度、专业知识、专业技术三部分。具体来说，对待服务对象的态度应表现出主动、热情、耐心、周到等；还应熟悉休闲体育项目的一般知识，掌握项目的基本技术。因此，休闲体育岗位服务礼仪规范的特点是：具备身体素质和专业技术、熟悉器械设备、展现判断能力、设计合理的计划、提供满意的服务等。

第一，上岗前准备阶段。

上岗前的准备工作是指正式接待服务对象之前，服务人员所做的必要的筹划或安排，其目的是保证后续服务工作有条不紊地进行。

（1）自身准备。

服务人员上岗之前的自身准备是岗前准备工作的开始，包括精神饱满、情绪稳定、干净整洁、提前到岗等。

（2）环境准备。

能够保证环境的舒适是保证服务质量的基本条件。因此，服务人员在进行岗前环境准备时，首先应该从规范健身场所的容貌开始，具体做法如下：清理场地和器材、放置告示牌、场地器械布局安全合理等。

（3）工作准备。

服务人员到达工作单位后，正式上岗之前，为更好地做好工作，应进行各种相关工作的准备，如更换服装，检查场地、器材，准备用品，查阅交接班记录等。

第二，岗位服务阶段。

在工作岗位上，对于休闲体育服务人员来讲，分接待、服务和送别三个连续环节。

（1）接待服务对象。

服务对象去休闲体育场所主要是为了放松身心。因此，服务人员在接待他们时，既要保证服务态度，又要注意言谈举止，更要讲究接待方法。做到热情迎客、主动询问、选定项目制定计划等。

（2）服务顾客。

服务顾客是正式为服务对象服务的阶段，这也是最为关键的一个环节。服务因项目的不同，其内容和形式也不尽相同。娱乐类项目只需做一些服务性工作即可；健身类项目多需示范、讲解和帮助；有难度类项目，不仅需要讲解、示范、保护、帮助，还需要一定的技术指导。为服务对象办理相关手续，提醒服务对象更换服装、准备器材、佩带保护装备等，为活动做好准备。服务人员应该在自己负责项目的主要特点和基础知识上下足工夫，并培养一定的对服务对象的预判能力。

拓展案例

李先生是宋杰的服务对象，这天李先生第一次做器械练习。宋杰根据李先生的情况调试练习器械，详细介绍器械的性能和操作方法，并提醒李先生相关注意事项；李先生练习了一会儿后，发现不得要领，于是要求辅导，宋杰立即进行了示范和讲解。随后，李先生继续练习，宋杰密切关注李先生的动态，并给予指导和保护；当李先生要求进行超过自己能力的练习时，宋杰礼貌地劝阻了李先生。

由此我们看出服务人员宋杰做好了“三到”。眼到：也就是注意观察，一旦服务对象向你投来求助的目光或出现问题时，服务人员应立即上前询问情况，不能等到服务对象大呼求助时才采取行动。口到：也就是及时与服务对象沟通，对服务对象提出的问题要知无不言言无不尽；对于当时难以准确作答的问题，服务人员应限时给出答复。心到：服务人员的态度、表情、神态应与当时的环境情况相一致。

（3）送别服务对象。

在服务对象离去之际，服务人员应主动帮助其收拾物品和器具，并提醒服务对象是否遗漏物件，同时感谢服务对象的光临。具体细节是：道别，看见服务对象准备结束练习离去时，服务人员应立即上前询问、道别，帮助服务对象做好整理工作；检查器械设备，假如发现损坏问题，应礼貌地向服务对象询问情况，并及时按有关规定处理；征询意见，服务人员应主动征询意见，了解服务对象是否还需其他服务；整理场地，准备迎接下一批服务对象的到来。

第三，离岗前工作阶段。

为顾客服务之后，整个服务并没有结束，还需要善始善终，这是高质量服务工作的保证。离岗前工作包括整理场地器材和交接班两个主要环节。整理自己负责的活动场所，器具摆放整齐到位，逐个检查设备并登记；清洁活动场所、设备，进行常规保养工作；写好值班日志，送交部门负责人签字；做好场地、设备的安全检查，如切断电源等。

资料链接

1. 以“迎大冬盛会，展冰城形象，为青春喝彩”为主题的哈尔滨第24届世界大学生冬季运动会“文明礼仪形象大使”评选活动，旨在深入开展“青春奉献大冬会”主题教育实践活动，引导全市广大青少年支持大冬会、参与大冬会、奉献大冬会，培养和选拔一批素质高、形象好、讲文明、知礼仪的优秀青年人才，以全面提升青少年文化素质和礼仪修养，展现哈尔滨文明有序、热情好客的城市形象，展现哈尔滨青年积极向上的精神风貌和青春活力。评选出的“文明礼仪形象大使”和单项奖获得者将深入到工厂、学校、街道、社区、商场及大冬会志愿者服务站宣讲社会生活礼仪、职业服务礼仪、涉外交往礼仪、现场观赛礼仪等文明礼仪相关知识。

2. 中国房山·长阳业余高尔夫球冠军赛形象大使评选，旨在展现冠军赛时尚与人文相结合的独特气质和魅力的同时，树立冠军赛这一顶尖业余赛事与众不同的品牌个性，并以此为平台广泛传播高尔夫文化及礼仪，让更多人了解高尔夫、热爱高尔夫，从文化层面推广和普及高尔夫运动的精髓。形象大使不仅要气质佳、为人诚实、严于律己，具有良好的公众沟通能力和赛事服务能力，还要评判其高尔夫文化水准和运动能力，冠军赛形象大使应体现出高尔夫球运动独特的文化内涵和精神追求。组委会将对入选参加冠军赛形象大使评选活动的选手，进行有关高尔夫理论、实践和礼仪等方面的培训，加强参赛选手对高尔夫球运动、高尔夫球礼仪的认识与了解。

图片来源：http://www.egolf.com.tw/index.php?option=com_content&task=view&id=2888。

资料来源：中华网，2011年7月15日，《“For the Champions” 2011中国房山·长阳业余高尔夫球冠军赛》。

拓展案例

有位顾客来休闲体育部预约健身房健身教练，由于是假期，教练们的工作安排都十分紧张，只有一名刚来几天的年轻教练待约。顾客说：“我希望要一名有经验、有耐心的教练，因为我学东西比较慢，怕跟不上年轻人的思维。”一名浓妆艳抹的休闲体育服务人员当时快要交接班了，背对着顾客正和别人聊天，好一会才回头对顾客说：“现在就这一名教练了，不然就得等很久了。”顾客问：“能不能帮忙看看还有没有别人?”服务人员不屑一顾：“爱要不要。”顾客一听，有些不满意了，质问服务人员怎么这样说话：“你知道修饰自己的脸，不知道修饰一下自己的言行吗?”

服务人员却说："我打小就这脾气。"顾客非常生气地说："我将你的表现告诉你们领导去。"服务人员说："你爱告就告去。"

上述案例中，休闲体育部的服务人员没有很好地为服务对象提供服务，并且在言语措辞方面没有按照有关标准进行操作，而且在顾客表示不满意的情况下，没有及时认识到自身的错误，还非常敷衍服务对象，不仅没有为顾客提供优质的服务，还有损休闲体育部的形象。作为一名合格的休闲体育服务人员，需要在穿衣打扮、言谈举止上遵循相关礼仪规范，让人感到站有站相、坐有坐姿、行有行样、说有说规，才能更方便地工作，更好地为服务对象提供服务。

知识链接

一、优质服务

服务场所的目标就是向顾客提供最佳的服务。随着休闲体育业的飞速发展和人民生活水平的日益提高，顾客对服务的要求也越来越高，除了满足顾客的物质需要外，还必须满足顾客的心理需求，需要向服务对象提供优质的服务。

（一）优质服务概述

所谓优质服务是指服务对象所受的服务的满意度超过了其期望值，即以顾客为核心，以质量和效率为保障，为每位顾客提供及时、准确、周到、完善的服务。

期望值是指服务对象希望所受服务应该达到的水平，它因人、因事、因地和因时不同而不同；满意度是指服务对象对所受服务的满意程度。优质服务具体内容包括如下方面。

1. 良好的服务礼仪

注重礼仪是休闲体育服务工作最重要的职业基本功之一，它体现了对顾客的基本态度，也反映了休闲体育服务人员的文化修养。

（1）外表：衣冠整齐，仪容仪表适当等。

（2）语言：讲究语言艺术，谈吐文雅，应对自然得体等。

（3）行动：举止文明，不卑不亢，真诚自然，从内心发出微笑为顾客服务。

2. 优良的服务态度

服务人员的良好服务态度，会使服务对象产生亲切感。要做到：认真负责、积极主动、热情耐心、细致周到、文明礼貌等。在服务过程中坚决杜绝敷衍、搪塞、厌烦、傲慢等不良态度。

3. 丰富的服务知识

休闲体育服务知识涉及很多方面，如语言知识、社交知识、法律知识、心理学知识、服务技术知识、管理经营知识、生活常识等。只有储备了较为丰富的服务知识，服务人员才能很好地应答各种问题。

4. 娴熟的服务技能

它是决定服务水平的基础，包括服务技术和服务技巧两个方面。

（1）服务技术：指各种服务操作等，例如前台员工的登记入住，服务人员的接待、对器械的使用和维护等。

（2）服务技巧：休闲体育服务最大的特点就是面对人，规程只能作为服务指南，却不能提供判断某种服务方式对错的绝对标准。因此，服务技巧十分重要，不管采用哪种合理的方式，只要能够使顾客满意就是成功。

5. 快捷的服务效率

服务效率是指为服务对象提供服务的时限。休闲体育服务中容易引起服务对象投诉的一个是服务态度，另一个就是服务效率。讲究效率不等于瞎忙活，要力求服务迅速而准确无误。这可以体现出服务人员的业务素质和休闲体育部的管理效率。

6. 齐全的服务项目

休闲体育服务项目的设置，要尽可能适应和满足服务对象的需要。项目设置既要考虑得细致周到，又要考虑到顾客便利。

7. 灵活的服务方式

服务方式是指健身房在热情、周到地为顾客服务时所采取的形式和方法，其核心内容就是如何给顾客提供各种便利。

8. 科学的服务程序

休闲体育服务程序是指接待服务的先后顺序和步骤，它看起来无关紧要，实际上也是构成休闲体育服务质量的重要内容之一。

9. 完善的服务设施

要保证所有的休闲体育设施科学、合理地满足服务对象的需求，并且处于良好的运行状况，使顾客感到舒适和愉快。

10. 可靠的安全保障

保证服务对象生命财产的安全是服务质量重要的一环。

11. 优雅的服务环境

除了要有一种使顾客感到舒适的气氛外，还要给顾客创造一种清洁安静的环境。

（二）优质服务的特征

一般来说，优质服务＝规范化服务＋个性化服务。

规范化服务也指标准化服务，它可以满足大多数服务对象的要求。个性化服务包括如下几种：

（1）情感服务：服务人员在为服务对象提供服务的过程中要倾注情感行为。

（2）特色服务：向服务对象提供具有本企业特点的服务内容和行为。

（3）超常服务：在尽量满足服务对象的一切正当需求原则的基础上，向服务对象提供超过常规的服务标准和服务范围。

（三）优质服务的提供

需要量化服务对象的期望值，制定出令服务对象满意的服务标准，然后在此基础上制定出与之相应的服务程序与服务规范。

1. 制定服务标准、服务程序和服务规范

（1）制定服务制度：由经理或主管起草，然后向有经验的员工和常客征询意见，反复修改之后再公布实施，力求详尽。

（2）实施服务制度：对员工进行培训，使员工掌握服务标准；管理部门还应检查员工的执行情况，并与员工的薪酬挂钩。

2. 选择合适的评定服务质量标准

（1）服务质量的供方自己评定：对提供的服务过程进行监督、检查和控制，对服务的关键环节进行定性和定量的分析，接着对结果进行验证。可分为管理人员的评定和服务人员的评定两个部分。

（2）服务质量的需方他人评定：管理人员和服务人员应积极主动引导服务对象对服务质量进行评价，高度重视评价结果，认真分析和整理，对非优质服务提出改进的策略和对优质服务寻找维持的方法。

3. 改进非优质服务

不仅非优质服务需要改进，即便是优质的服务也需要不断革新。应识别和记录不合格的服务；分析原因，采取措施。

二、服务标准

（一）一般性服务标准

1. 岗前准备工作

上岗前应先做自我检查，做到仪容、仪表端庄、整洁，符合要求；检查各种器械设备是否完好，锁扣和传动等装置是否安全可靠；精神饱满地做好迎客准备。

2. 迎宾

面带微笑，主动迎候顾客，并请顾客填写登记表；向顾客发放钥匙和毛巾，将顾客引领到更衣室。

3. 服务

（1）顾客更衣完毕，服务人员主动迎候，征询顾客要求，介绍各种休闲体育活动项目，主动讲要领、做示范。

（2）细心观察场内情况，及时提醒顾客应注意的事项，当顾客变更运动姿势或加大运动量时，服务人员应先检查锁扣是否已插牢，必要时须为顾客换挡。

（3）对不熟悉器械设备的顾客，服务人员要热诚服务、耐心指导，必要时做示范。

（4）如顾客需要，在其活动时可播放符合其节奏的音乐，运动间隙时，服务人员要主动递上毛巾，并为其提供饮料服务。

（5）顾客更衣完毕，应主动征求顾客意见，并及时汇报给领班。

（6）如顾客希望做长期、系列的休闲体育活动，服务人员可按照顾客的要求为其制定活动计划，并为顾客做好每次活动记录。

（7）当顾客示意结账时，服务人员要主动上前将账单递送给顾客。

（8）顾客离别时，要主动提醒顾客不要忘记随身物品。

4. 送别顾客

送顾客至门口，并礼貌道别；及时清扫场地，并整理物品；将使用过的毛巾送洗衣房更换新毛巾，放入消毒箱消毒，做好再次迎客的准备。

（二）预订的服务标准

要用规范的语言主动、热情接待顾客预订；顾客用电话预订时，铃响三声内接听，如果工作繁忙，应请顾客稍候；准确记录顾客姓名、使用时间，并清楚复述，取得顾客确认；对已确认的顾客预订，要通知有关服务人员提前做好安排。

（三）安全服务的标准

休闲体育场所必须配备急救药箱、氧气袋及急救药品等；顾客有身体不适现象，应及时照顾，并采取有效措施；顾客发生碰伤，应及时提供急救药品，照顾周到；活动后器械设备位置“归零”。

第二节　休闲体育服务技巧

课前思考

1. 你如何理解观察和引导技巧？
2. 你如何理解解决纠纷技巧？
3. 你如何理解处理突发事件技巧？

导入案例

韩鹏是一家休闲体育中心的领位员，刚到岗位不久，但是对业务较精通，能比较娴熟地运用各种服务技巧。一日，穿着时尚的杨小姐来到了该中心。韩鹏看到后，走到杨小姐身边，礼貌地问：“小姐，请问我能为你提供什么服务？”杨小姐说：“你好，我的一位朋友说贵中心服务和品质很好，我想过来看看。”于是，韩鹏引领杨小姐逐一参观了中心的场地、器材等，还简要介绍了中心的主要经营项目和特色。这时，杨小姐看到一位顾客意外划破了手，马上一名服务人员先帮其清洁伤口，接着用清洁的纱布垫在伤口上，压迫止血；后用绷带轻轻包扎，并将其送往医院。韩鹏解释说，顾客在锻炼时有可能意外受伤，我们都有一些处理的常识。作为休闲体育服务人员，应该具备哪些服务技巧是接下来要探讨的内容。

除了一些基本理论知识和素质外，作为一名合格的休闲体育服务人员，应该具备哪些必要的职业技能才能为服务对象提供优质的服务？这其中就包括良好的观察顾客的技能、引导顾客的技巧、解决纠纷的技巧和处置突发事件的技巧等。服务人员只有刻苦努力学习，并熟练掌握这些专业技巧，才会令顾客感到宾至如归，并使顾客逐渐有一种“顾客就是上帝”的感觉。

一、观察和引导技巧

（一）观察技巧

观察顾客是服务人员在服务工作中必须掌握的一项技能。实际上就是“察言观色”，做到心细，服务人员通过察其意、观其身、听其言、看其行，对服务对象进行准确的角色定位，以求把服务工作做好、做活。

拓展案例

新到某休闲体育中心的服务人员王强，非常好学，并希望自己很好地适应岗位；于是向经验丰富的“老人”李伟请教如何观察顾客。李伟说，在服务行业广为流传的一条经验，叫做“三看顾客，投其所好”，即一看顾客的来意，根据不同来意予以不同方式的接待；二看顾客的打扮，判断其身份爱好，据此推荐不同的服务；三看顾客的举止谈吐，琢磨其心理活动，为对方提供恰如其分的服务。

一般来说，顾客初次来到休闲体育服务场所，并不一定有消费的欲望，通常也是“货比三家”，需要经历观看、思考、了解、比较、挑选等一系列的过程才会下定决心。如果服务人员能够恰到好处地见机行事，可以促使对方下决定。

对于休闲体育服务人员来说，要把握好对潜在顾客的观察和正在健身顾客的观察。在休闲体育场所，往往有一些顾客只是来此观看，并没有强烈的休闲消费欲望，但他们是一个很好的待挖掘的潜在群体。服务人员可以观察潜在顾客的来意、打扮、举止谈吐和对该项休闲体育项目的关注程度，不失时机地向其介绍该项休闲体育项目的活动特点和对身心健康的作用，使潜在顾客产生消费欲望，进而将其转化为消费行为。

对于正在健身的顾客，要注意其在健身过程中的动作、身体形态和眼神等。如果看到服务对象运动自如，使用器械很熟练，则不必对其关注太多，可以把注意力投向初学乍练的服务对象上。因为，后者通常表现为动作不流畅、不连贯，对器械的使用不规范、不熟练，这时需要服务人员适时提供服务和进行指导，这样既保证了服务对象的人身安全，又保护了健身器械。

（二）引导技巧

1. 运动前引导

运动前引导，是指在服务对象进行身体活动前，向其简明扼要地介绍活动项目的特点、过程、环节和体育场地设施、器件性能以及一般操作方法等。这是休闲体育服务人员必须掌握和熟悉的重要环节。引导过程中，既不能盲目地认为服务对象都已了解，而不仔细介绍；也不能滔滔不绝地介绍不停，令服务对象产生不耐烦情绪。

服务人员应首先向服务对象讲明介绍的时间不会太长，但是对于大家的安全却十分重要，这样有助于服务对象耐心倾听服务人员的介绍，从而有效避免运动中意外情况的出现。

2. 运动中引导

在服务对象进行休闲体育活动时，通常会出现错误操作器械或者进行不适合自身能力的动作，如果服务人员不及时引导，服务对象会感到人身安全受到威胁，或者导致伤害事故发生，造成不必要的麻烦。在运动中进行引导要注意以下两点：

（1）使用请求式语句：请求式语句可分成三种说法，如肯定句："请您注意爱护运动器械。"；疑问句："为了您的健康和安全，请保护好运动器械，好吗?"；否定疑问句："这样操作运动器械会给您带来伤害，您不需要调整一下吗?"其中，疑问句要比肯定句更起作用，特别是否定疑问句，还能体现出服务人员对顾客的尊重。

（2）使用肯定句：不能乱用肯定句与否定句，但如果运用得好，肯定句可以代替否定句，且效果更佳。如进行健美活动的顾客说："能给我的杠铃再加些重量吗?"服务人员回答："不行，这个重量您承受不了。"这就是否定句，顾客听了这话，可能会说："没事，你就加吧。"这个时候服务对象和服务人员之间容易产生矛盾。如果服务人员换个方式，服务对象可能不会有抵触的反应。比如服务人员可以说："您现在所举的重量正合适，如果再增加重量，反而影响您的健身效果，推举是过程，健身才是目的，您觉得呢?"

二、解决纠纷技巧

在服务工作中，服务人员的服务对象是人，每天要和很多人打交道，因此难免会发生一些矛盾，甚至由于处理不甚而引发冲突。尽管这只是偶发现象，但是却会给当事人带来不快，影响服务的质量。这类现象如果发生，服务人员及其所在部门都应高度重视，并正确处理，以免事态扩大，甚至对簿公堂。

服务纠纷指的是在服务过程中，发生在服务人员与服务对象二者之间的争执、矛盾或冲突。服务部门与服务人员要事先对纠纷进行积极预防，力争将其减少到最低程度；还要及时发现纠纷，及时制止纠纷，并且妥善调解。在处理服务纠纷时，服务部门与服务人员应做到以下几方面。

（一）严于律己

服务部门与服务人员应当对自己严格要求，按照服务工作的有关岗位规范对待服务对象，防患于未然。

1. 热情

服务人员在服务过程中一定要充满热情，并且尽量使之适当地表现出来。在服务行业内，有句行话是"接一顾二招呼三"。也就是当顾客蜂拥而至，服务人员应接不暇时，要尽量照顾一下周围等待的顾客。即在接待第一位顾客时，口头上可以去照顾第二位顾客，同时还应当以自己的眼神去招呼第三位顾客。

拓展案例

服务员徐振，为人热情、工作认真，年年被评为休闲体育中心的"服务标兵"。他在总结自己的经验时说："服务人员要做到五个一样：消费的顾客与不消费的顾客一个样；熟悉的顾客与陌生的顾客一个样；本地的顾客与外地的顾客一个样；国内的顾客与国外的顾客一个样；购买消费服务的顾客与退出消费服务的顾客一个样。"

2. 礼貌

服务人员要对服务对象进行规范化服务，时时处处以礼相待；还要严守有关的服务规定，杜绝不良表现。因此，服务过程中服务人员应该做到如下几点：不得吸烟、吃喝；不得闲聊、打闹、喧哗；不得看书、看报、看电视、收听广播或录音机；不得约会私人顾客；不得不理不睬顾客；不得怠慢顾客；不得顶撞顾客；不得擅离职守；不得迟到早退；不得私自兜售私人或外单位的商品和服务。

3. 耐心

服务人员在接待顾客时，不能急躁，应始终保持热情与礼貌。

(1) 有问必答：在接受服务之前，顾客希望对其进一步了解，他们有可能会向服务人员提出这样或是那样的问题。这时，服务人员要有耐心，认真回答顾客的每一个问题。

(2) 百问不厌：在服务人员进行服务的过程中，可能遇到顾客对同样一个问题一问再问，几位顾客同时发问，或是连连发问。在这些情况下，要求服务人员能够做到不厌其烦，直至顾客满意为止。

(3) 百挑不烦：在选用运动器械时，一些顾客往往会反复比较，更有甚者还会表现出吹毛求疵。对于顾客的正当要求，服务人员应当予以满足，不能嫌麻烦，不去管；或者只给顾客一种选择，对方再要便不耐烦。不仅不能这样，即使是催促顾客，也是不允许的。

耐心服务与其说是一种能力，不如说是一种态度，在面对过分挑剔、胡搅蛮缠和蛮横无理的顾客时，服务人员要保持风度。这就要求服务人员注意下列三条：

(1) 保持冷静：在面对过分挑剔的顾客时，服务人员需要保持冷静，既要坚持优质服务，又要坚持原则问题。

(2) 理直气和：遇到顾客顶撞自己或出言不逊时，服务人员仍需平心静气、礼让三分，切勿与顾客发生矛盾。

(3) 以静制动：假如服务人员与顾客发生了争执，或顾客无理取闹时，服务人员尽量避免与顾客针锋相对，应一如既往地对其以礼相待。

(二) 宽以待人

对属于自己的不足或严重缺陷，要勇于承认和纠正，必要时还需及时向顾客公开道歉；对于属于顾客的原因引起的纠纷，服务人员要宽容忍让。无论如何都不允许向顾客借故发难、蛮不讲理、再三苛求，或者拒绝承认错误和承担责任。在处理服务纠纷时，要求服务人员宽以待人，具体来讲包括以下方面。

1. 认真面对

在人与人交流和交往过程中，会出现矛盾；服务过程亦是如此。服务人员一方面要竭尽全力预防矛盾的出现；另一方面一旦矛盾出现要认真面对，合理解决，切勿使事态升级。

2. 正确对待

(1) 主动谦让：当纠纷出现时，服务人员如能及时对顾客进行适当的谦让，往往会使将要发生的冲突得以扭转。服务人员可以说“很对不起，是我做得不好”；“请原谅，是我态度的问题”；“很抱歉，让您久等了”；等等。

(2) 宽宏大量：对于顾客的一些可忽视的过失，服务人员一般不必深究。这样可以大大降低双方发生正面冲突的概率。

(3) 转移视线：面对得理不让人的顾客或是矫情的顾客，服务人员较为明智的做法是在做出适当的解释说明或是道歉后，转而进行其他的正常工作。

3. 积极处理

在处理服务纠纷时，服务人员应在指导思想、临场表现、处理方法等方面，认真遵守相关的规范。

(1) 指导思想。

1) “顾客总是对的”：任何情况下顾客永远都是对的，这是服务礼仪的一项基本规则。

2) 时时处处礼让：有关人员在具体处理服务纠纷时，一定要自始至终，不分对象、不看对方态度，对其始终以礼相待。

3) 尽快妥善处理：不论从哪一个角度来看，服务纠纷一旦出现，对于服务单位都是不利的。在处理服务纠纷时，除了要注意及时外，还必须采用行之有效的妥善方法。

(2) 临场表现。

1) 友善对待：当顾客提出批评或进行投诉时，不论方式和方法是否正确，都应视其为对于服务部门和服务人员的监督、关心与激励。因此，应明确表示欢迎批评，友善对待对方的投诉。

2) 有效沟通：服务人员既要了解顾客的本意，又要使顾客明白对其意见或建议的重视以及处理纠纷的态度。

3) 满足要求：服务人员在处理服务纠纷时，要主动了解顾客的合理要求，并尽可能地满足。

4) 保持克制：极少数顾客在服务纠纷发生时，对服务人员进行侮辱，或者以投诉和向媒体曝光作为要挟，服务人员要尽量保持自我克制。

(3) 处理方法。

1) 当场处理：也称“面对面的处理”，是处理服务纠纷最理想的模式。

2) 事后处理：也称“背对背的处理”，事后处理应有时间限定，且言出必行。

3) 仲裁处理：通常由消费者协会做出仲裁。

4) 法庭处理：对难以用上述方式解决的服务纠纷，可以诉诸法律手段。

三、处理突发事件技巧

古人云：“天有不测风云。”在休闲体育活动场所，有时可能会发生一些突发事件。如果对突发事件处置不当、不及时，会危及顾客的生命安全、财产安全，还会造成经济损失和破坏企业形象。无论遇到什么样的突发事件，服务人员都应当遇事不乱、当机立断。

(一) 突然停电

服务人员应首先让顾客保持镇定，切不可慌乱和盲目走动，以免摔伤或者碰伤，并立即拨打电话通知维修部门尽快检修，恢复照明。

有应急灯时，服务人员要告知顾客不要慌张，马上启动应急照明；并组织顾客按照指示标识，找到安全出口，有序撤离。

没有应急灯时，服务人员首先要稳定顾客情绪，不要发生骚乱；拿出备用手电筒，照明安全出路，让顾客撤离。

（二）顾客突发疾病或受到意外伤害

当顾客突发疾病或受到意外伤害时，应首先拨打急救电话999，再根据顾客的情况采取有针对性的措施。

（1）心脏病突发：服务人员应保持患者的安静和舒适，并揭开颈部、胸部和腰部较紧的衣服。假如患者神志丧失，需将其保持恢复性体位；还应使顾客保持温暖，有需要时可将毛毯或衣物盖在其身上，用凉的湿毛巾敷在前额上。需要注意的是，不能摇晃或用凉水泼洒顾客试图弄醒他，不可让其进食和饮水。

（2）中暑：服务人员应迅速将顾客转移至凉快的地方。让顾客躺下，解开其衣服；用冷水毛巾擦身，或边用酒精擦身边用口吹，促使酒精挥发散热。顾客若想喝水，服务人员可以给其喝凉开水或盐水。如果顾客是重症中暑，并出现抽搐，服务人员应马上叫救护车送往医院求治，不可耽误时机。

（3）肌肉、韧带、关节拉伤：由于服务对象的训练水平不够，柔韧、力量、协调性较差，准备活动不充分；抑或是由于场地器材不好、温湿度不佳、服务人员专业水平不够等原因，容易导致肌肉韧带关节拉伤。如果发现服务对象拉伤，应该采用停止运动、冷敷、抬高受伤部位等方式及时处理。

拓展案例

顾客冯先生在锻炼过程中出现了肌肉损伤，服务中心马上拨打了急救电话，服务人员刘平发现伤势不是很严重，于是使用运动医学的“大米原则（RICE)”为冯先生进行了及时处理。

RICE代表的意义如下：

第一个字母R代表休息，要求服务对象停止受伤部位的锻炼，好好休息以促进较快的恢复。

第二个字母I代表冰敷，冰敷袋放置于受伤部位（受伤后48小时内，每隔2～3小时冰敷20～30分钟，冰敷时皮肤的感觉有四个阶段：冷—疼痛—灼热—麻木，当麻木时就可以移开冰敷袋）。

第三个字母C代表压迫，使受伤区域的肿胀减小，可以用弹性绷带包扎于受伤部位以减少内部出血。

第四个字母E代表抬高，抬高受伤部位，伤处应高于心脏部位，尽可能在伤后24小时内一直抬高伤部；当怀疑有骨折时，应先固定夹板后再抬高。

（三）火灾

当遇到火灾时，服务人员应首先打电话报火警，然后采取措施组织顾客有序撤离现场。

（1）利用疏散通道逃生：火灾发生后，特别是在初起阶段，应选择室内楼梯、室外楼梯、自动扶梯、消防电梯等疏散通道逃生，并且尽量靠近承重墙或承重构件部位，以防坠物砸伤。

（2）利用自制器材逃生：服务人员要帮助顾客及时采取可逃生的方法，如将毛巾、口罩、纺织品等浸湿后捂住口、鼻；并利用绳索、布匹、床单、地毯、窗帘、皮带、消防水带、电缆线等开辟逃生通道。

（3）利用建筑物逃生：如果上述两种方法都无法逃生时，可利用落水管、房屋内外的突出部位、各种门窗以及建筑物的避雷网（线）等进行逃生或转移到安全区域再寻找机会逃生。

（4）寻找避难处所逃生：无路可逃时，应积极寻找避难处所，如在室外阳台、楼房平顶处等待救援；选择火势、烟雾难以蔓延的房间，关好门窗，堵塞间隙；房间如果有水源，要立刻将门、窗和各种可燃物浇湿，以阻止或减缓火势和烟雾的蔓延，并不断发出各种呼救信号，以引起救援人员的注意，帮助自己脱离困境。必须坚持“三要”、“三救”、“三不”的原则。“三要”：要熟悉自己住所的环境；要遇事保持沉着冷静；要警惕烟毒的侵害。“三救”：选择逃生通道自救；结绳下滑自救；向外界求救。“三不”：不乘普通电梯；不轻易跳楼；不贪恋财物。

（四）地震

震时就近避震，震后迅速撤离到安全地方，这是应急避震较好的方法。

组织顾客选择室内结实、能掩护身体的、易于形成三角空间的地方，开间小、有支撑的地方，室外开阔、安全的地方避震。

劝诫顾客不能选择跳楼，不要站到窗边和阳台上；还应避开吊灯、电扇等悬挂物，保护好头部。震后，听从工作人员的指挥，有组织地撤离，千万不可争先恐后下楼，切勿进入电梯间。

地震发生时，服务人员应立即切断电源，不要使用明火，以免发生更大的连带灾害。

（五）溺水

溺水是由于大量的水灌入肺内，或冷水刺激引起喉痉挛，造成窒息或缺氧，若抢救不及时，4～6 分钟内即可死亡。

当溺水者在水面漂浮时，施救者应迅速向水中抛救生圈等漂浮物，让他抓住而不致下沉，或递给溺水者木棍、绳索等拉他脱险。直接下水救护时，如果溺水者尚未昏迷，施救者要特别防止被他抓、抱；不要从正面接近溺水者，而应绕到溺水者的背后或潜入水下，扭转他的髋部使其背对自己；从后面或侧面托住溺水者的腋窝或下巴使其呼吸，并用反蛙泳或侧泳将其拖带上岸。

当将溺水者救至岸上后，应迅速检查溺水者的身体情况。由于溺水者多有严重的呼吸道阻塞，要立即清除口鼻内的呕吐物，然后再做控水处理。

控水（倒水）处理是指利用头低、脚高的体位，将吸入的水控倒出来。最简便的方法是，施救者一腿跪地，另一腿屈膝，将溺水者的腹部放在膝盖上，使其头下垂，然后再按压其腹、背部。

对呼吸已停止的溺水者，应立即进行人工呼吸。方法是：将溺水者仰卧位放置，施救者一手捏住溺水者的鼻孔，一手掰开溺水者的嘴，深吸一口气，迅速口对口吹气，反复进行，直到恢复呼吸。人工呼吸的频率为每分钟16～20次。

如呼吸心跳均已停止，应立即进行人工呼吸和胸外心脏按压。施救者将手掌根部置于胸骨中段进行心脏按压，下压要慢，放松时要快，每分钟80～100次，与人工呼吸互相协调操作，与人工呼吸操作之比为5∶1；如一人施行，则心脏按压与人工呼吸之比是15∶2。

溺水者经现场急救处理，在呼吸心跳恢复后，应立即送往附近医院。在送医院途中，仍需不停地对溺水者做人工呼吸和心脏按压，以便医生抢救。

拓展案例

某休闲部的值班经理接到顾客的投诉电话："你们台球厅的服务人员怎么回事？乱扣我的钱。如果你们不给我解决好这个问题，我就去法庭告你们！"

"您好！我是值班经理。请您息怒，有什么问题我一定帮您解决。请问先生贵姓？"值班经理平心静气地答道。

"我姓王。我今天在台球厅打球，结账时服务人员说缺了一个红球，扣了我20元钱。可是我根本没拿，凭什么要我赔偿，这不是讹人吗?!"

"王先生，您别着急，我马上去了解情况。请您留下您的电话号码，半小时后我给您答复，您看行吗？"征得顾客同意后，值班经理放下了电话。

经过询问有关服务人员及实地查找，证明确实丢了一个台球，丢失时间也正是这位王先生开始打球到结账这段时间，台球厅服务人员按照《赔偿规定》收取赔偿金，是符合规定的。

半小时后，值班经理拨通了王先生的电话："您好，王先生。我是值班经理。我们到台球厅去了解了情况，并且又寻找了一遍，还是没有找到丢失的那个球。按照我们的规定，损坏或丢失休闲器材是应该承担赔偿责任的，希望您能理解和支持我们。"

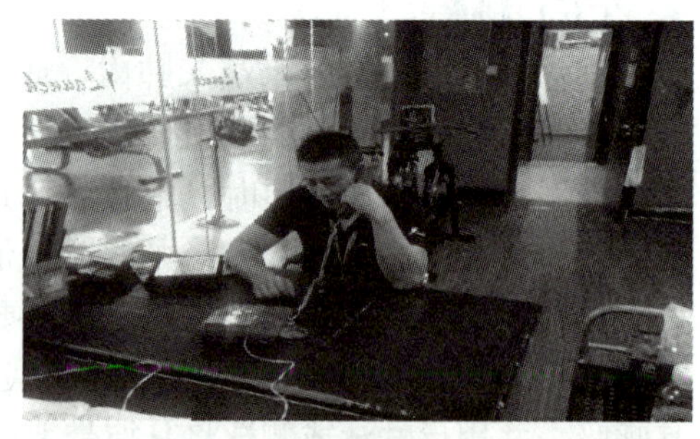

"可是我确实没有拿走，再说我要一个台球也没有用啊！"顾客分辩道。

"我们也相信您没拿。那么打球时您带来几个人？会不会是他们无意中拿错了呢？"

"有好几位朋友，还有他们的小孩。嗯……"

"不管怎样，我们要感谢您，我们会在今后的工作中多加注意。另外，考虑到您遭受了损失，所以下次您邀请朋友来消费时，我们给您一定的优惠作为补偿，您看可以吗？"

顾客考虑到，朋友的小孩是否拿走了那个台球一时无法断定，再就此争辩下去也没有多大意义，就顺水推舟地接受了值班经理的建议。

在上述案例中，如果值班经理缺乏接打电话的礼仪，不能平心静气地听顾客把话说完，并且没有处理投诉事件的良好技能，那结果肯定会恶化。不仅不能解决问题，而且还有可能有损休闲部门的形象。因此，我们可以看出，良好的观察顾客的技能、引导顾客的技能、解决纠纷的技能和处置突发事件的技能对于服务人员的重要性，也是岗前必修课程。

第三节　休闲体育服务实例

1. 健身房服务人员的素质要求及服务对象注意事项。
2. 保龄球服务人员的素质要求及服务对象注意事项。
3. 台球服务人员的素质要求及服务对象注意事项。
4. 网球服务人员的素质要求及服务对象注意事项。
5. 游泳服务人员的素质要求及服务对象注意事项。

导入案例

北京一家台球厅招聘服务人员的要求如下：年龄在18～25周岁之间，普通话标准，品行端正，能吃苦耐劳，善于沟通，乐于奉献，有良好的团队合作精神、职高及以上学历，有相关工作经验者优先录用。试着分析一下这个招聘要求的不足之处。作为专业的休闲体育服务人员，这些要求是否足够？是否还应达到其他的标准？

在了解、学习和掌握了与休闲体育服务相关的理论知识之后，我们需要进行具体实践，一方面可以检验理论的正确；另一方面还可以发现理论知识应用实践容易出现的问题。上述几节介绍的知识具有很强的普适性，那么在具体休闲体育项目中是否还具有指导性，它们又有哪些自身的服务特点，需要怎样针对性的服务规范，是本节着重讨论的内容。本节重点阐述了健身房内的活动、保龄球活动、台球活动、网球活动和游泳活动等常见的休闲体育运动项目的服务规范和要求。

一、健身房

（一）服务人员的服务规范

（1）熟练掌握健身房的工作内容和程序。

（2）熟悉健身器材的名称、性能、作用和使用。

（3）健身房门口设立顾客须知、营业时间和价目表等告示牌。

（4）营业前，整理好健身房、休息区、更衣室、淋浴室、卫生间等地方。

（5）准备好为顾客服务的各种用品，整理好个人卫生，随时迎接顾客的到来。

（6）准备登记顾客姓名、会员号码以及到达时间等。

（7）及时为顾客提供更衣柜号码、钥匙，以及毛巾或饮料等。

（8）根据顾客的情况，对不熟悉器械的顾客，详尽讲解器械的名称、性能、使用方法、效果，并进行简要示范，指导和帮助顾客活动。

（9）正确指导顾客使用器械，实时监控，保证提供及时的服务。

（10）配备急救药箱、氧气袋和急救用品等，发现顾客有不适现象，及时采取措施。

（二）提醒顾客需注意的事项

（1）活动前，准备舒适且吸汗的服装、合适的运动鞋、毛巾和换洗的衣物等。

（2）活动前1小时禁止进食，以免产生腹痛，出现体力不支的现象。

（3）进行准备活动，将肌肉纤维拉长，避免肌肉损伤。

（4）活动的运动量要根据情况进行调整，不可运动过量，影响锻炼效果或损坏身体机能。

（5）活动后休息十分钟再进行洗浴，活动后1小时可进少量水，不可进食或饮酒。

（6）场内不得大声喧哗，随地吐痰、扔果皮纸屑。

（7）场内禁止吸烟，不得携带食物和饮料。

（8）及时擦拭留在器械上的汗水。

（9）做好将器械分享给别的顾客的准备。

（10）服从服务人员的管理，避免意外事件的发生。

二、保龄球

（一）服务人员的服务规范

1. 岗前

（1）做好自我准备，做到仪容、仪表、仪态端庄、整洁、符合要求。

（2）开窗通风或打开换气扇，清洁室内环境，做好器械用品的保养（球道每天要用打油机抹新油，每月要用专业清洁剂清洗一次；保龄球及球瓶每周要用洗洁精洗一遍；球鞋每隔三天要用紫外线清毒；保龄球指标板、护手定期清理；回球机、记分板、坐椅应每天清洁）。

（3）检查并消毒馆内器具和其他用品，发现破损及时更新。

（4）补齐营业用品和服务用品，整理好营业所需用品。

（5）查阅值班日志，了解顾客预订情况和其他需要继续完成的服务。

（6）最后检查一次服务工作准备情况，做好迎客准备。

2. 迎宾

面带微笑，主动问候顾客，请顾客在场地使用登记表上签字。

3. 室内服务

(1) 为顾客办理手续，问清顾客有多少人，玩多少局（或多少时间），以及主动介绍消费价格。

(2) 提醒顾客换好球鞋和一次性袜子。

(3) 引领顾客到选定球道，打开电脑显示器，向其介绍活动规则及须知。

(4) 顾客选球时，服务人员要耐心介绍球的重量，为其选好用球。

(5) 顾客娱乐时，服务人员要主动征询顾客意见，根据顾客需要及时提供饮料、面巾等服务。

(6) 如顾客要求陪打时，服务人员应礼让在先，对顾客击出的好球要鼓掌示意。

(7) 当顾客示意结账时，服务人员要主动上前将账单递送给顾客。

(8) 如顾客要求挂账，服务人员要请顾客出示相关证件，并与前台收银处联系，待确认后要请顾客签字并核对笔迹，如未获前台收银处同意或认定笔迹不一致，则请其以现金结付。

(9) 顾客离开时，主动提醒顾客不要忘记随身携带的物品。

4. 送别顾客

服务人员将顾客送至门口，向顾客道别，迅速整理场地，准备迎接下一批顾客。

(二) 提醒顾客需注意的事项

(1) 进入投球区，须换上保龄球专用鞋，以保证安全和保护场地。

(2) 尽量使用自己选定的保龄球。

(3) 等到球瓶全部放置完成后，再投球。

(4) 不要随便地进入投球区。

(5) 不要进入旁边的投球区。

(6) 先让已经准备好投球的人投球。

(7) 遇到同时做出投球动作的情况时，由右边的人优先进行投球。

(8) 在投球区，投球的预备姿势不可太久。

(9) 投球动作结束后，不可久留投球区，以免影响他人投球。

(10) 不可投出高球，以免破坏球道。

(11) 不可干扰正在投球人的注意力。

(12) 不可在投球区挥动保龄球，以免引起伤害。

(13) 成绩不好，不要怪罪球道。

(14) 不可批判别人的缺点，以免引起争执。

(15) 不可将水洒落在投球区，以免滑倒。

三、台球

(一) 服务人员的服务规范

(1) 上岗前，要签到，换好工作服装。

(2) 参加班前例会，检查着装和仪容，领班分配任务、提出要求。

(3) 打扫卫生：擦台帮、台呢、记分牌架、服务台，倒洗烟灰缸，清理垃圾桶，整理球台苫布。

（4）营业准备：检查球杆是否完好，台面、台边是否有破损，球是否齐全。

（5）各岗服务人员到位，准备迎接顾客。

（6）门岗服务人员：向顾客致以问候，迎入室内。

（7）服务台岗服务人员：为顾客登记（礼貌询问顾客喜欢哪张球台，或哪种球台，是在大厅，还是到贵宾房，并向顾客介绍各种收费标准）、开记录单、收押金等。

（8）大厅服务人员：将顾客引导到自己负责的区域内的球台旁，帮助顾客摆台、选杆，记录顾客起始时间，并询问顾客是否还需要其他服务。

（9）消费结束后，责任区的服务人员应清点检查顾客所用设备是否完好，如发现问题应及时通知服务台，如无问题则应将球和球杆摆好、保持球台周围清洁卫生。

（10）结账后，服务台服务人员应向顾客致谢，顾客离去时，门岗服务人员应表示欢迎再来。

（11）对于顾客的投诉，服务人员能解决的，应立即解决；不能解决的，应及时向领班、主管、经理等相关人员汇报、请示，然后再进行处理。

（二）提醒顾客需注意的事项

（1）衣装整齐。

（2）打球时不能喧哗或发出干扰声响，应保持安静的气氛。

（3）在场内禁止吸烟、喝酒。

（4）打球时，不要双脚离地。

（5）不要坐卧球台或故意损坏球具。

（6）当对方击球时，不要站在对方的瞄准方向处，更不能对视，以免伤害自己和干扰对手。

（7）不要在台边或台框上放置物件作为瞄准标志。

（8）等到台面所有的球都静止后，才去击球。

四、网球

（一）服务人员的服务规范

（1）服务人员应提前到岗，换好工作服装，到服务台签到并查看交接班记录本，继续落实上一班的服务工作。

（2）打扫服务台、休息室的卫生，清洁地面、擦拭柜台、清理垃圾桶等，将客用物品摆放整齐。

（3）打开球场门，检查场地设施是否完好，发现问题及时解决。

（4）摆放好客用坐椅和茶几，并擦拭干净。

（5）当顾客来到球场时，服务员应主动迎接，为其填写活动登记表，引领顾客进入规定的球场。

（6）如果顾客需要租用球拍等用品，还需为其办理。

（7）为需要的顾客提供饮料或面巾等用品。

(8) 为需要陪打的顾客安排陪打员。

(9) 顾客打球期间，为其提供巡视服务。

(10) 打球结束后，及时检查设备的情况，如有问题及时处理。

(11) 为顾客办理结账手续，主动向顾客告别，提醒顾客带齐自己的物品。

(12) 营业结束时，填写营业记录表，清理球场，将球和球拍摆放整齐，关闭电源。

(二) 提醒顾客需注意的事项

(1) 活动前，准备舒适且吸汗的服装、合适的运动鞋等。

(2) 进行准备活动，避免肌肉损伤或关节损伤等。

(3) 根据自己的情况调整运动量，不可超负荷活动。

(4) 根据体力消耗情况，适当补给水分。

(5) 爱护租用的球拍、网球等用品，不可摔球拍。

(6) 不可将水洒落在球场上。

(7) 需要加时间，应立即通知服务台。

(8) 服从服务人员的管理，避免意外事件的发生。

五、游泳

(一) 服务人员的服务规范

(1) 应提前到岗，换好工作服装，到服务台签到并查看交接班记录本，继续落实上一班的服务工作。

(2) 检查水温、水质，整理座椅和躺椅，清理池边卫生（去掉水中杂物，冲洗地面、池边污迹，搞好池内外环境卫生）等。

(3) 主动迎宾，请顾客填写登记表，服务员带领顾客到更衣室更衣。

(4) 发给顾客三巾，即浴巾、长巾、方巾，以方便顾客游泳和游泳完后洗澡用。

(5) 若顾客未带游泳衣裤帽，需要为其提供相应服务。

(6) 根据顾客的需要提供饮料、食品等，并问清种类、数量，开好单据。

(7) 顾客离开泳池时，要注意提醒顾客带齐自己的东西。

(8) 营业结束时，应按净化池水的程序和原则，对池水进行净化和消毒。

另外，作为救生员还有特殊的服务规范：

(1) 勤巡视池内游泳者的动态，不可麻痹大意。

(2) 发现溺水者要迅速冷静处理，做好抢救工作，并及时向有关领导报告。

(3) 认真做好每天的清场工作。

(4) 负责游泳池水质的测验和保养及游泳场地的环境卫生。

(5) 上班集中精神，不得与无关人员闲谈，救生台不得空岗，无关人员不得进入池面。

(6) 对不会游泳者可进行技术指导。

(二) 提醒顾客需注意的事项

(1) 有皮肤病、急性结膜炎等传染疾病的患者不能进行游泳活动。

(2) 心脏病、癫痫病、精神病、酗酒者及过饥过饱者不能进行游泳活动。

(3) 对带小孩的顾客，尤其要注意小孩的安全。

(4) 保管好贵重物品，或交服务人员保管。

(5) 下水前，先进行简单的冲洗全身，并做好准备活动。

(6) 禁止在浅水区跳水入池。

(7) 服从服务人员的管理，避免意外事件的发生。

拓展案例

宋女士在休闲体育中心预约办理了晚上7点半的保龄球场地。7点钟，宋女士来到了休闲体育中心，前台服务员张丽面带微笑地说："晚上好，小姐，请问我能为您效劳吗?"宋女士说："我预订了晚上7点半的保龄球场地。"张丽马上查找预约登记，进行确定后，为宋女士办好活动手续，并提醒其换好保龄球鞋；请服务员李蒙将她引领到选定球道。服务员打开电脑显示器，向顾客简要介绍活动规则和活动须知。随后，李蒙说："您还需要些什么?"宋女士说："请帮我拿瓶饮料和面巾。"李蒙按照顾客的要求及时送来了。接着，李蒙问："请问我还能为您做些别的吗?"宋女士满意地说："不用了，谢谢你。"李蒙说："您有什么需要随时通知我们，祝您玩得愉快!"

两个小时后，宋女士示意结账，李蒙主动上前将账单递送给顾客，将剩余的钱及时交还。宋女士离开时，服务员主动提醒不要忘记随身物品，欢迎下次光临。接着，回到了自己的岗位迎接下一批顾客的到来。

不同的休闲体育项目，在一般性的服务标准的基础上，还有一些特定的服务要求，这不仅需要服务人员对服务项目非常了解，还要有一定的服务技巧。对于一些常见的休闲体育活动项目，服务人员必须掌握其具体的服务规范和要求，才能更行之有效地为顾客提供高水平的服务，做到有条不紊、有的放矢。

知识链接

一、健身房综合管理制度

第1章　总则

第1条　目的。为了加强对本酒店健身房的管理，提高健身房的服务质量和经营效益，特制定本制度。

第2条　适用范围。本制度适用于健身房所有工作人员。

第2章　健身房日常管理规定

第3条　健身房门口的健身顾客须知、营业时间、价目表等标志牌齐全，设计美观、大方，中英文对照，文字清楚，摆放位置得当。

第4条　健身房工作人员应按时上、下班，不得迟到、早退、旷工，事、病假应按规定办理请假手续。

第 5 条 健身房工作人员应按规定穿工服，佩戴工号牌，按规定签到或签退。

第 6 条 健身房主管要参加班前、班后会议，了解员工的工作情况，与各员工配合做好工作。

第 7 条 上班时不得会见亲友，不准打私人电话，严禁在工作场所内抽烟、喝酒、吃零食、追逐打闹以及做与工作无关的事情，需要离开工作场所时，必须征得上级同意。

第 8 条 健身房工作人员拾到顾客遗留物品，必须及时报告上级处理。

第 9 条 服从上级工作安排，如发现物品损坏或出现故障要及时上报处理。

第 10 条 不准私自带他人进入工作地点，不得私自将酒店物品带出或赠与他人。

第 11 条 工作用具使用前后必须清理干净、摆放整齐，工作地点不得摆放与工作无关的物品。工具用完后，必须放回原处。

第 12 条 录像机、电视机、钟表设置合理，便于顾客观看使用。

第 13 条 健身房内照明充足，适当位置有足够数量的常绿植物调节小气候，使整个环境质量达到美观、整洁、舒适、布局合理、空气清新。

第 14 条 工作认真、负责，力求做到准确无误地完成工作任务，如遇疑难问题要报告上级，请示处理。因责任心不强，不按服务规范操作而造成损失，当事人要受到经济处罚。

第 15 条 按规定交接班。如违反规定造成损失，当事人要受到经济处罚。

第 16 条 下班前要按消防制度检查水、电、门窗，做好防火、防盗工作。

第 3 章 健身服务人员管理规定

第 17 条 顾客做健身活动的目的，一是通过锻炼使身体健美，二是消除疲劳，三是减肥，因此健身服务人员应根据顾客的实际需要与健身目的安排相应的健身活动。

第 18 条 健身服务人员迎接顾客，要具有较好的专业对话能力，仪容整洁，精神饱满，身体健康，待客热情、大方、有礼，熟练地掌握和讲解健身器材，善于引导顾客参加健身运动。

第 19 条 健身服务人员介绍、示范健身运动，首先介绍设备的性能和操作方法。当顾客要健身，并要求辅导时，服务人员应主动示范。

第 20 条 健身服务人员带顾客做健身操，口令清晰、姿势正确、动作一丝不苟，并根据顾客体质状况，因材施教，做不同的指导。

第 21 条 如顾客误场，健身服务人员可提供健身操录像带给其使用。

第 22 条 健身服务人员应坚守岗位，注意安全，严格执行健身房规定，注意顾客健身动态，随时给予正确的指导，确保顾客安全运动，礼貌劝止一切违反规则的行为。

第 4 章 健身房卫生管理规定

第 23 条 由专人负责健身房及更衣室、淋浴室的清洁卫生工作。

第 24 条 要搞好环境卫生和设备卫生，保持环境的整洁和空气的清新，以达到质量标准，给健身者以良好的环境感觉。

第25条　健身房营业场所的卫生清洁细则如下表所示。

健身房营业场所的卫生清洁细则表

营业场所	卫生清洁规定	卫生清洁标准
服务台及接待室	服务台台面擦拭干净，服务台内物品摆放整齐，地面用拖布擦拭，墙面除尘，沙发、茶几清理、擦拭干净。	天花板光洁无尘，灯具清洁明亮，墙面干净、无脱皮现象，地面无污迹、无废弃物；服务台面干净整洁，服务台内无杂物；沙发、茶几摆放整齐，烟缸内的烟头及时清理。
更衣室	地毯用吸尘器吸尘，更衣柜用抹布擦拭，然后喷洒清新消毒剂，更衣坐凳每天用消毒药液擦拭消毒，拖鞋每天用药液浸泡消毒。	地面干净无尘，无走路留下的鞋印；更衣室内无卫生死角、无蟑螂等害虫；更衣柜表面光洁、摆放整齐，柜内无杂物；为顾客提供的毛巾、浴巾等物摆放整齐。
健身室	地毯用吸尘器吸尘，墙面除尘，器械用抹布擦拭，器械与身体频繁接触的部分如手柄、卧推台面等，每天用消毒药液擦拭。	天花板和墙面光洁无尘，地面干净，无灰尘，无废弃物；健身设备表面光洁、无污迹，手柄、扶手、靠背无汗迹，设备摆放整齐；光线柔和，亮度适中。
淋浴室	每天冲洗并消毒，将淋浴器手柄擦拭干净。	墙面、地面无污迹，下水道通畅，室内无异味；淋浴器表面光洁，无污迹，无水渍。
洗手间	每天冲洗地面、墙面、坐便器，然后用消毒药液擦拭消毒，镜面、坐便器盖、水箱手柄、洗手池手柄等都要用干抹布擦净。	墙面、地面光洁；马桶消毒符合要求，无异味；镜面无水迹，光洁明亮；水箱手柄、洗手池手柄光洁。
休息室	地面吸尘，墙壁除尘，沙发吸尘，电视柜、电视机、茶几用干抹布擦拭，清洗烟缸，随时清除垃圾桶内的垃圾。	墙面、地面无灰尘、无杂物，沙发无尘，茶几干净，用品摆放整齐；电视机表面干净无尘，荧光屏无静电吸附的灰尘，遥控器无灰尘、无汗迹；室内光线柔和，亮度适中，空气清新。

第5章　健身器材管理规定

第26条　健身房室内健身器材布局合理，摆放整齐。

第27条　健身房服务人员要维护健身设备的正常运行，如发现问题，应及时上报。

第28条　健身房服务人员每天按规定准备好健身营业用品，需要补充的用品，应及时报告领班申领。

资料来源：http://www.docin.com/p-33891408.html。

二、健身房服务工作流程

具体内容如下表所示。

工作目标	知识准备	关键点控制	流程图
1. 为顾客提供优质到位的健身服务。 2. 做好健身器材的日常保养工作。	1. 熟悉健身房服务程序。 2. 掌握各种健身器材的操作规程，并能熟练示范。 3. 熟悉卫生保健知识和安全救护知识。	1. 上岗准备。 健身房服务人员于上岗前做好仪容仪表、健身器材的准备工作，以最佳状态迎接顾客。	1. 上岗准备 ↓ 2. 迎接顾客 ↓ 3. 做健身登记 ↓ 4. 做健身准备 ↓ 5. 做健身服务 ↓ 6. 顾客结账 ↓ 7. 送别顾客
		2. 迎接顾客。 当顾客光临健身房时，面带微笑，使用酒店礼貌用语问候顾客。	
		3. 做顾客健身登记。 请顾客出示房卡，核对顾客姓名、房号、入住日期后，向顾客介绍健身项目、收费标准等，登记其姓名、房号、消费项目及消费时间。	
		4. 引导顾客做健身准备。 为顾客做完登记后，向顾客发放更衣柜钥匙、毛巾，并告知更衣室方向。	
		5. 提供健身服务。 顾客准备完毕后，引领顾客到健身器材旁，向顾客提供健身及相关的服务。	
		6. 引导顾客结账。 顾客健身完毕，服务人员应主动征询顾客意见，并在账单上注明终止时间，向顾客核实确认相关账单后，到收银台为顾客提供结账服务。	
		7. 送别顾客。 结完账后，服务人员应将账单送交顾客，向顾客道谢并将其送至门口，欢迎其再次光临。	

三、休闲体育器材设备的管理

休闲体育部门提供的服务是以器材设备为依托的，器材设备的使用效率和完好程度是决定休闲体育部门正常运行、提供优质服务的基础之一。

（一）休闲体育器材设备管理概述

休闲体育器材设备的管理既有一般设施设备管理的模式，也有自己的管理特色，因此，对于服务人员来说需要了解其管理的意义、程序和方法。

1. 意义

休闲体育器材设备很多，构成比较复杂，具体包括：房屋建筑物设施、生产性设备、电器设备、家具设备、管道线路设备、运输设备、机械设备、场地设施等。对上述设备设施进行管理，保证其性能正常发挥，是一项重要任务。

休闲体育器材设备管理是围绕着设备物质运动形态和效用发挥而进行的各种管理工作，包括对设备的选购、维修和保养以及更新改造等方面的内容；具体来说就是：

合理选择设备，使设备与部门情况及服务对象相适应；定好管理制度，定期维护和保养；满足服务需要，加强更新和改造；做好技术分析，提高设备设施的使用率。

因此，休闲体育器材设备设施的良好管理是部门能否提供优质服务、取得成功的关键因素之一，它在如下几个方面起到了无法替代的作用：提高服务质量和水平；影响消费范围和价格；保证消费安全和卫生；提升部门声誉和利润；提高工作效率和效果。

2. 程序

按照设备设施管理的不同阶段，具体可以从以下几个方面进行操作：

(1) 设备的选购更新：设备的更新计划、设备的选购、设备入库、设备安装调试、设备转交建档、设备培训、设备日常管理。

(2) 设备的定期维护：一级保养、二级保养、设备大修。

(3) 设备的技术改造：进行技术、效率、安全、环保和节能等方面的改造。

(4) 设备的到期报废：国家指定的淘汰用品，过期服务的设备，修理费用接近或超过原设备价值的设备，存在隐患的设备，无法修理的设备等。

3. 方法

(1) 建立设备档案，做好分类编号。

(2) 制定维护规程，执行岗位职责。

(3) 考核设备使用，提高设备效率：设备完好率＝完好设备数/设备总数×100%；设备维修费用率＝设备维修费用/营业收入×100%；设备有效工作度＝设备应该工作的时间/(设备应该工作的时间＋设备维修不能工作的时间)×100%。

(二) 休闲体育器材设备的维护

为了使设备的使用性能良好、延长修理间隔期、延长设备的使用寿命、提高设备工作效率、降低成本、减少消耗、提供更好的服务等，需要对设备设施进行维护。

设备和设施的三级保养法是根据设备保养工作质量高低和难易程度制定出来的，即日常维护保养、一级保养和二级保养。对于服务人员来说，需要了解一些日常保养知识。具体来说就是：

(1) 检查设备的操纵机构、变速机构、安全防护、保险装置是否灵敏可靠。

(2) 检查设备的润滑情况，并定时、定点加注定质定量的润滑油。

(3) 检查设备容易松动、脱离的部位是否正常，附件、工具是否齐全。

(4) 检查设备腐蚀、拉动和漏油、漏电等情况，做好清洁卫生。

如果需要进行大修，则需要联系专业技术人员，并做好记录。一般来说，对于服务人员可以使用点检的方法，即运行中检查和停机检查（解体检查和不解体检查），凭感官检验检查及使用仪表仪器检查，等等。

服务人员同样需要进行简要的设备维护培训，主要包括设备结构、性能、操作和维护的一般性知识，设备的使用方法和注意事项，设备的操作规程和礼节规范等。在这些知识的基础上，制定有关设施设备的清洁、维护和保修的程序职责，并严格执行。

第四章 休闲体育的沟通

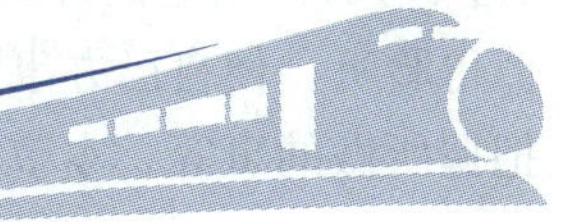

第一节　休闲体育沟通概述

课前思考

1. 休闲体育沟通的目标是什么？
2. 休闲体育沟通应该遵循什么原则？
3. 怎样实施休闲体育的沟通？

导入案例

周某是一位刚从职高毕业才到休闲体育中心报到的年轻人，被安排“会籍顾问”一职。他了解到，“会籍顾问是一个服务性的职位，工作职位涉及会员管理和市场营销两个方面。中心需要会籍顾问提高销售收入，顾客需要会籍顾问为其提供咨询和顾问服务；所以会籍顾问是企业与客户之间的一座桥梁”。因此，他觉得要想做好“桥梁”，必须做好沟通；通过分析，“吸纳新会员，拉拢会员关系”是沟通的目标。那么，为了实现这一目标，应该遵守什么原则，有没有一定的程序可循？

沟通是为了一个设定的目标，把信息、思想和情感在个人或群体间传递，并且达成共同协议的过程。它包括语言和非语言沟通，最有效的沟通是语言和非语言沟通的结合；它的要素包括沟通的内容、沟通的方法、沟通的动作，其中动作最具影响力（占 55%）。沟通的好处有：获得合作；减少误解；使人乐于作答；使人觉得自己的话值得聆听；使自己办事更加井井有条；增强自己进行清晰思考的能力；使自己感觉能把握所做的事等。本节将从沟通的目标、原则和步骤具体分析休闲体育沟通。

一、沟通的目标

21 世纪是一个充满竞争和机遇的时代，一名成功的休闲体育服务人员，不仅要有应对问题的能力，还要与顾客、同事、领导等建立良好的人际关系。因此，沟通艺术就成为事业成功的重要保证。如果一个人想要出人头地，一定要学会沟通。

资料链接

有这样一种现象，引起了很多人的关注：中国的孩子在台下很会讲话，一到了台上就不太会讲了。这是什么原因？结合国外的情况来考察，发现产生这一现象的重要原因是中国的父母亲经常压制自己的孩子，不让他发表太多意见。结果孩子长大后，该发表意见的时候大部分都不太会讲话；不需要他讲话的时候，他又讲一大堆俏皮话。由此可见，父母在沟通这个问题上没有训练孩子树立目标，孩子不明白“什么话该说，什么话不说”。

沟通是一种有目标的行为。如果你是一名刚毕业的高职生，求职是典型的职业生涯推广沟通，必须明确自己的沟通目标：是建立联系，还是试图应聘成功；是为了获得应聘的经验，还是增加选择的可能性。如果你要向领导汇报休闲体育中心的近况，你也要理解自己的目标，是仅仅汇报业务的进展，还是讨论业务的发展；是为了显示自己的功劳，还是为了推卸责任；是简单的汇报，还是寻求新的指示；是给领导报喜，还是报忧；是为了申请更多的资源做准备，还是直接提出要求；是沟通业务本身，还是借此机会谈论其他问题。总之，必须有明确的目标。

对于什么是沟通，可以说是众说纷纭。在英文中，“沟通”（Communication）一词来自于拉丁语词根 common，common 有共有、共同的意思。综合分析“沟通”的一百多种定义，大致有两种观点是比较普遍的。

一种是说服派的观点，即强调信息的单向传播和送达；比如管理学家西蒙认为，沟通“可视为一种程序，借此程序，组织中的每一成员，将其所决定的意见或前提，传送给其他有关成员”。

另一种是共享派的观点，即认为沟通是信息发送者与信息接收者共享信息的过程，强调信息传递的双向性；他们将沟通定义为：沟通是人们在交往过程中，通过借助某种载体和渠道将信息从发送者传递给接收者，并获取理解的过程。我们更倾向于后者，即按照共享派的观点来理解沟通的含义，可以看出沟通目标有四个层次。

（一）实现信息被对方接收

沟通首先是意义上的传递。如果信息和想法没有被传递到，也就意味着沟通没有发生。可以这样理解，"沟通是双向的，说话者没有听众不能构成沟通"。

（二）信息被充分理解

一个休闲体育服务人员要想沟通成功，他的信息不仅需要被传递，还需要被理解。如果一个不懂英文的人阅读英文原版休闲体育文献，那么他从事的活动就无法称为沟通。有效的沟通，应该是信息经过传递后，接收者感知到的信息与发送者发出的信息完全一致。

值得注意的是，一个信息并不能像有形物品一样由发送者传送给接收者。在沟通过程中，沟通者间传递的只是一些符号，而不是信息本身；符号较多，如语言、身体动作、表情等都是一种符号。传送者首先要把传递的信息"翻译"成符号，而接收者则进行相反的"翻译过程"。由于个人的"信息—符号储存系统"不同，对同一符号（比如身体语言）常存在着不同的理解。

资料链接

在沟通过程中，我们要关注不同成员之间的"信息—符号储存系统"差异。在休闲体育中心的一次年度庆功会上，你和一位外国朋友喝酒，你先干了杯，但是外国朋友并没有喝完，你感到有些不爽。其实，我们知道全世界都喝酒，但像我们这样干杯的国家和人越来越少了。我们认为干杯是一种人情，认为干杯是给对方面子，认为喝酒不干杯就是不够热闹；英、美、法、德以及日本、加拿大、意大利等国的人，他们也经常喝酒，但他们将一堆啤酒摆在前面，一人一个杯子，喝多少倒多少，至于要不要干杯，就看你自己了。可见，如果人们在交往中忽视了"信息—符号储存系统"的差异，自认为自己的词汇、动作等符号能被对方还原成自己欲表达的信息，则会导致不少的沟通问题。

（三）信息被对方接受

信息是否可以被对方接受，这只是我们追求的目标，而不能成为判断沟通是否高效的标准。按照这一观点，如果有人与我们意见不同时，不少人认为此人未能完全领会我们的看法，但是这种理解不一定是正确的。因为，很多时候由于其他原因的存在，对方可以非常明白我们的意思但却不同意我们的看法。

事实上，沟通双方能否达成一致协议，别人是否接受我们的观点，往往并不是沟通良好与否这一个因素所决定的，它还涉及双方根本利益是否一致，价值观是否相同等其他关键因素的影响。例如，休闲健身销售过程中，如果顾客觉得价钱过高、超过心理底线，即使沟通不存在任何噪声干扰，沟通双方都已充分理解对方的观点和意见，往往也不能达成协议。

（四）引起对方反响

沟通的目的不是行为本身，而是行为结果。如果对方在接收、理解、接受我们所传递信息的基础上，能够改变行为或态度，那么沟通可以产生预期的结果，这样沟通的整体目标可以得到完美的实现。比如，通过绩效评估面谈，休闲体育企业或中心的经理指出了某位员工工作中的问题，这位员工在接受这些批评信息以后，在工作态度和工作质量方面都进行了相应的改进，提高了工作效率，那么此时经理和员工的沟通则实现了目标。当然，员工是否会产生反响与其性格、价值观以及个人态度和能力等因素息息相关。

以上四个目标能够在沟通活动中全部实现是比较困难的，因为这不仅仅与沟通技巧有关，还取决于其他一些主、客观因素的影响。但是如果未能实现以上四个目标中的任何一个目标，则意味着沟通的失败。

二、沟通的原则

沟通可作为人类最基本、最重要的活动方式和交往过程之一。人类社会及人类社会中的任何一个基本组织，都是由两个或多个个体所组成的一个群体，沟通是维系组织存在，保持和加强组织纽带，创造和维护组织文化，提高组织效率、效益，支持、促进组织不断进步发展的主要途径。可以说，天下没有不需要进行沟通的组织。人类在社会组织如企业中要实施经营管理，必须通过沟通。通过探讨沟通的定义、过程及其重要要素，我们了解到沟通并不是一个永远有效的过程，要实现成功的沟通，必须遵守一定的原则。

（一）真实性

真实性是指沟通必须是对有意义的信息进行传递。否则，哪怕整个沟通的过程全部完整，沟通也会因为没有任何实质内容而失去其价值和意义，成为无效与无意义沟通。一个良好的沟通过程，必须要存在富有意义的信息，这是沟通能够存在、成立、有效的内容基础和首要前提。沟通内容与过程具有真实性，即沟通的信息必须是至少对其中一方有用和有价值的信息。

（二）渠道适当性

渠道适当性是指沟通必须将有意义的信息，通过适当和必要的沟通渠道，由一个主体送达另一个主体。不同的信息对于传递渠道的选择有要求，真实的信息选择了不恰当的渠道进行传递，就会产生信息误读或扭曲，导致沟通受挫或受阻，有时甚至产生沟通问题。

（三）沟通主体共时性

沟通主体共时性是指有意义信息必须由适当的主体发出，并通过适当的渠道传递给另一主体接受。人们要想达成有效的沟通，信息的发出者和接收者都应该是而且必须同时是应该发出和应该接受的沟通主体，发送者和接收者的主体适当或共时性两者缺一不可。如信息虽由适当的主体发出，但接收者不对，或者接收者对了，但发出者身份或地位不适当，都会导致沟通失败。

（四）信息传递完整性

信息传递完整性是指沟通必须由适当的主体发出，并通过适当的渠道，完整无缺地传送给适当的主体接受。由于各种原因的影响和各种因素的干扰，被传递的信息有可能在被传递过程当中，人为或自然地损耗或变形。如果这种情况发生，接收者接受到的信息，已经不是发出者所发出的严格意义上的同一信息。既然已经不是同一信息，那么，就有可能发生沟通失误或误解信息。

（五）代码相同性

代码相同性是指所有信息发出者和信息接收者之间，在传递真实信息时，必须使用相同的信息代码系统。如果双方所使用的信息代码系统完全不同或存在较大差异，就会导致接收者对信息解读无法实现或解读错误，也就是导致沟通失败。人们常说，我在说甲，而你却在说 B。一旦类似错误发生，沟通的过程在形式上是完成了，但在实际上没有形成信息传递，解码过程出现了断裂，真正的沟通并没有发生。

（六）时间性

任何沟通都是有时间限制的，整个沟通的过程必须在沟通发生的有效期发生完毕，否则，也会失去沟通的意义。如休闲体育新闻报道就是典型的案例。时间上的紧迫性和制约性非常重要，有可能导致差之毫厘，谬以千里。

（七）理解同一性

理解同一性是指信息接收者必须真正体验或理解信息发出者所发出信息的真正意义。沟通过程的编码、解码等均无差错也不一定就能确保信息的真正意义被接收者理解。每一个接收者都是独特的个体，他的经历和经验都会左右对信息内在意义的理解，理解一旦偏差，沟通就会产生问题。

资料链接

沟通的过程是一个人要在信息发出来时开始编码（Coding），这叫做用一种方法讲给别人听。然后，经过一个渠道以后，到另外一个人耳朵里面开始解码，即人家的话是否听得懂。要想达成理解不外乎两点：讲话的人要把话讲给别人听，要怎么讲，要使其思想成为听众的一部分；听的人要怎么去听，要给对方留出讲话的时间。其中还有以下一些影响因素。

（1）态度：其实是沟通的一种筹码，如果你很强大，你的态度一定很强硬。

（2）知识：我们在讲话给别人听的时候，要考虑对方能否理解，是否具备这方面的资质；否则，讲了一大堆专有名词或者你讲了一大堆你认为是的道理，可是对方不能理解，这又有什么用呢？

（3）社会文化背景：不同的文化有其不同的背景，如我们把大拇指伸出来时，大部分情况表示赞赏对方；而在意大利等国家则表示数字“1”。

（八）连续性

连续性是指沟通必须具有时间和沟通内容与方式上的连续性，即沟通主体之间要达成沟通，必须考虑到相互之间沟通的“历史情形”，这是因为人类都是依据自己的经验、情绪和期望对各种情形做出反应的。我们不了解沟通对象的过去，会影响我们预测他现在或将来的行为，而这种预测会明显影响我们与沟通对象在当下的沟通行为。

（九）目标性

目标性是指沟通应该具有明确的沟通目的或目标。没有目标的沟通，很难把握与衡量沟通效果是否与沟通的本意相一致。沟通目标不明确，必将造成信息发送者所发信息混乱不清，接收者只能靠经验和场景猜测对方的用意，从而极易导致沟通误差或沟通失败。

（十）噪音最小化

噪音最小化是指客观存在于信息沟通过程中的沟通噪音必须尽量减少。跟歌唱家歌唱一样，周围的噪音越低，歌声必然会越清晰，听众听到的歌声失真的可能性就越小。

资料链接

沟通有三个方向：往上沟通、往下沟通和水平沟通。一些人往上沟通没有胆，即没有胆识；往下沟通没有心，即没有心情；水平沟通没有肺，即没有“真诚”。可见，“没胆、没心、没肺”是不良沟通的三个症状。以下有一些建议，可供参考：

（1）往上沟通：尽量不要给上司出问答题，尽量给他选择题；在任何地点都可以沟通，只要能够有机会跟领导讲话，就叫做沟通；一定要准备答案或方案（至少一个以上）。

（2）往下沟通：多学习，多了解，多询问；不要只会责骂；提供方法，紧盯过程。

（3）水平沟通：主动、谦让、体谅、协作、双赢。

三、沟通的步骤

在休闲体育服务和经营工作中，要想成功沟通，我们可以遵照如下六个步骤：

第一，事前准备。“凡事预则立，不预则废。”

第二，确认需求。确认双方的需求，明确双方的目的是否一致。

第三，阐述观点。明确如何发送你的信息，表达你的信息。

第四，处理异议。对方不同意你的观点，或者你不同意对方的观点时，知道如何处理。

第五，达成协议。完成了沟通过程并形成了一个协议。

第六，共同实施。

（一）事前准备

发送信息的时候要准备好发送的方法、内容和地点。为了提高沟通的效率，要事前准备以下一些内容。

1. 设立目标

我们在与别人沟通之前，一定要有一个目标：“我希望通过这次沟通达成什么样的一个效果。”

2. 制定计划

确定怎么与别人沟通，先说什么，后说什么等。

3. 预测异议

在沟通过程中，双方的思想观念不可能时时处处一致，也许会发生争执，对于这样的情况需要做好预案。

4. 对情况进行 SWOT 分析

就是明确双方的优劣势，设定一个更合理的、大家都能够接受的目标。

资料链接

SWOT 分析法又称态势分析法，它是由美国旧金山大学管理学的教授于 20 世纪 80 年代初提出来的，是一种能够较客观而准确地分析和研究一个单位现实情况的方法。SWOT 分别代表：strengths（优势）、weaknesses（劣势）、opportunities（机会）、threats（威胁）。SWOT 分析通过对优势、劣势、机会和威胁加以综合评估与分析得出结论，然后再调整企业资源及企业策略，来达成企业的目标。

（二）确认需求

沟通过程中有三种行为：听、问、说。要了解别人的需求必须通过提问和聆听来达到。

提问可以帮助我们了解更多、更准确的信息，还能够控制和引导谈话的方向。它的类型有封闭式问题和开放式问题，封闭式问题可以节约时间，容易控制谈话的气氛；开放式问题可以收集全面的信息，得到更多的反馈，谈话的气氛轻松。在沟通中，通常一开始时，我们希望营造一种轻松的氛围，所以在开始谈话的时候问一个开放式问题；当发现话题跑偏时可问一个封闭式问题；当发现对方比较紧张时，可问开放式问题，使气氛轻松。

拓展案例

休闲体育中心服务员李志，在为顾客介绍健身功效时，顾客问了一句："为什么会这样呢?"李志就从头到尾地把健身的价值阐述了一遍，顾客非常满意李志的解说，并给予了高度的评价。在我们与别人沟通中，经常会听到一个非常简单的口头禅"为什么"，当别人问我们为什么的时候，我们会有什么感受？或认为自己没有传达有效的、正确的信息；或没有传达清楚自己的意思；或感觉自己和对方的交往沟通可能有一定的偏差；或沟通好像没有成功等，所以对方才会问为什么。也就是说，他需要你再详细地介绍一下刚才说的内容。

倾听不是一种被动而是一种积极的行为，它不仅能够帮我们收集更多、更准确的信息，还能够鼓励和引导对方更好地表达，这里有一些事项需要注意。

（1）倾听回应：当听别人说话的时候，要有一些回应的动作，如说"好"时，应适当地点头等。

（2）提示问题：当你没有听清的时候，要及时提问。

（3）重复内容：在听完了一段话的时候，要简单地重复一下内容。

（4）归纳总结：要善于将对方的话归纳总结，更好地理解对方的意图，寻找准确的信息。

（5）表达感受：要及时地表达感受，如说“非常好，我也是这样认为的”等。

（三）阐述观点

阐述观点就是怎样更好地把观点表达给对方，即我们的意思说完了，对方能否明白，能否接受。可以遵照一个非常重要的原则：FAB 原则，这是英文的简写。F 是指 Feature，即属性；A 是指 Advantage，即作用；B 是指 Benefit，即利益。如果按照这样一个原则和顺序阐述观点，对方容易听懂、印象深刻，并愿意接受。如阐述某休闲健身项目的价值：属性——瑜伽项目；作用——调整呼吸，进行想象等；利益——有益于身心健康！

（四）处理异议

在沟通中，有可能你会遇到对方的异议，就是对方不同意你的观点。你想说服别人非常难，同样别人说服你也非常难。在沟通中一旦遇到异议之后就会产生沟通的破裂。当遇到异议时，我们可以采用一种类似于借力打力的方法：你不是强行说服对方，而是用对方的观点来说服对方。首先了解对方的某些观点，然后当对方说出了一个对你有利的观点时，再用这个观点去说服对方。

拓展案例

唐宇是休闲健身中心的服务人员，年轻气盛，在与顾客出现异议时，不能很好地处理，经常试图去说服顾客，态度表现得非常强硬，不给对方说话的余地。结果，常常引起顾客的不满，频频被投诉。在处理异议时，唐宇的态度没有表现出“同理心”。其实，解决人际关系问题中最威力的三个字是“我理解”；在沟通过程中，我们应该塑造一个让顾客可以畅所欲言、表达意见的环境，展现支持、理解、肯定的态度，尊重顾客的情绪及意见，让他觉得与你交谈是件轻松愉快、获益良多的事。

（五）达成协议

沟通的结果就是最后达成一个协议，如选择健身项目、购买健身卡等。在达成协议的时候，要做到以下几方面：

（1）感谢：对别人的支持和帮助等，表示感谢。

（2）赞美：对别人的理解和选择等，表示赞美。

（3）庆祝：庆祝沟通成功。

（4）思考：思考如何进行下一步的工作。

是否完成沟通，取决于最后是否达成了协议。

（六）共同实施

达成协议是沟通的一个结果，这同时意味着一项工作的开始，即共同按照协议去实施。如果我们达成了协议，没有按照协议去实施，那么对方会觉得你不守信用。信任是沟通的基础，如果你失去了对方的信任，那么下一次沟通就变得非常困难。作为一名休闲体育服务人员对所达成的协议一定要努力去实施。

拓展案例

刘小姐来到健身中心，找到经理董杰，她告诉董杰说，希望减掉一些赘肉。董杰将服务人员张红推荐给刘小姐，为刘小姐提供咨询服务。张红明白要想将刘小姐这位有意向的顾客变为有行动的顾客，必须通过沟通，而且沟通必须是有效的。于是，张红根据这一个沟通目标，逐步开始与刘小姐进行交流。

张红说："您好，很荣幸为您提供咨询服务，请问我能为您做些什么？"

刘小姐说："你好。很高兴认识你。我想让自己看起来苗条一些，不知道选择哪种健身方式以及如何练习。"

张红于是将一些健身项目介绍给了刘小姐，还带刘小姐参观了一下健身中心，并建议刘小姐进行舞蹈练习。

刘小姐问："跳舞会出很多汗，感觉有些不舒服。"

张红说："跳舞确实比较辛苦，我们中心还有瑜伽项目，它对身心有很大益处，而且很安静。"

刘小姐说："这个项目可行，你能为我介绍一下具体的情况吗？"

张红把中心的瑜伽锻炼环境、时间安排、教练情况等逐一介绍给刘小姐。刘小姐觉得比较满意，决定来中心进行锻炼。

知识链接

一、进行团队沟通

作为休闲体育企业和中心的服务人员，不仅要与顾客沟通，还要与整个团队的同事和领导沟通。要进行有效的团队沟通，必须明确目标。目标管理是进行有效沟通的一种解决办法，领导和成员讨论目标、计划、对象、问题和解决方案。由于整个团队都着眼于完成目标，这就使沟通有了一个共同的基础，彼此能够更好地了解对方。即便领导不能接受成员的建议，他也能理解其观点，成员对领导的要求也会有进一步的了解，沟通的结果自然得以改善。

对于每位成员来说，要进行有效沟通，可以从以下几个方面着手：

一是必须知道说什么，就是要明确沟通的目的。如果目的不明确，就意味着你自己也不知道说什么，自然也不可能让别人明白，自然也就达不到沟通的目的。

二是必须知道什么时候说，就是要掌握好沟通的时间。在沟通对象正埋头工作时，你要求他与你商量下次聚会的事情，显然不合时宜。

三是必须知道对谁说，就是要明确沟通的对象。虽然你说得很好，但你选错了对象，自然也达不到沟通的目的。

四是必须知道怎么说，就是要掌握沟通的方法。沟通是要用对方听得懂的语言——包括文字、语调及肢体语言，而你要学的就是透过对这些沟通语言的观察来有效地使用它们进行沟通。

资料链接

根据信息载体的不同，沟通可分为语言沟通和非语言沟通两种类型。

语言沟通建立在语言文字的基础上，又可细分为口头信息沟通和书面信息沟通两种形式。口头信息沟通方式，既包括演讲、正式的一对一讨论或小组讨论，也包括非正式的讨论以及传闻或小道信息传播等。它是所有沟通形式中最直接的方式，其优点是快速传递和即时反馈；不足是信息从发送者一段段接力式传送的过程中，存在着巨大失真的可能性。书面信息沟通包括信函、报告、备忘录等其他任何传递书面文字或符号的手段。它具有有形展示、长期保存、法律防护依据等优点；不足是书面沟通耗费时间较长和不能及时提供信息反馈。

非语言沟通指通过某些媒介而不是讲话或文字来传递信息。它的内涵十分丰富，包括表情（如喜怒哀乐）、声音语气（如音乐）、肢体动作（如手势、舞蹈等）。

据调查，最有效的沟通是语言沟通和非语言沟通的结合。

二、有效沟通的“7C 原则”

美国著名的公共关系专家特立普、森特在他们合著的被誉为“公关圣经”的著作《有效的公共关系》中提出了有效沟通的“7C 原则”。请看下面的表。

7C 原则	译义	解释
Credibility	可信赖性	建立对传播者的信赖。
Context	一致性（又译为情境架构）	指传播须与环境（物质的、社会的、心理的、时间的环境的等）相协调。
Content	内容的可接受性	指传播内容须与受众有关，必须能引起他们的兴趣，满足他们的需要。
Clarity	表达的明确性	指信息的组织形式应该简洁明了，易于公众接受。
Channels	渠道的多样性	指应该有针对性地运用传播媒介以达到向目标公众传播信息的作用。
Continuity and consistency	持续性与连贯性	沟通是一个没有终点的过程，要达到渗透的目的，必须对信息进行重复，但又须在重复中不断补充新的内容，这一过程应该持续地坚持下去。
Capability of audience	受众能力的差异性	沟通须考虑沟通对象能力的差异（包括注意能力、理解能力、接受能力和行为能力），采取不同方法实施传播才能使传播易为受众理解和接受。

“7C 原则”基本涵盖了沟通的主要环节，涉及传播学中控制分析、内容分析、媒介分析、受众分析、效果分析、反馈分析等主要内容，极具价值。

沟通可以减小运营摩擦，提高管理效率，降低管理成本，营造真诚的组织氛围等。因此，北京某休闲体育中心的管理理念是“让沟通变得更容易”，这是中心对工作人员的要求，也是每位员工自身发展的需求。根据理论知识和具体经验，该中心拟订了七个沟通原则。

（1）正确（Correct），即沟通信息的正确性，这是工作顺利开展的基础。我们的表达和诉求必须完整、系统、准确，必要时还要进行验证确认，确保对方准确无误地接受。

（2）完整（Complete），即在沟通中，双方将自己要说的内容说得完整，这是工作顺利进行的保证。如果掌握的信息支离破碎、残破不全的话，我们将难以做出正确的判断和科学的决策，执行起来难免走样。

（3）言之有物（Concrete），即在沟通中要有事实、有证据，这是最有说服力的。抛开感性的关系，理性地沟通和处理问题，理性地传给对方正确的信息，让彼此知道自己该做什么，该做到什么程度。

（4）清晰（Clarity），这是一个表达的要求。清晰地表达有利于对方的倾听、合作，也有利于对方记住传达的信息。

（5）简明（Concise），即沟通要简洁，越简单越好。这是在保证上面四条实现之后较高的沟通技能追求。业务越熟练、表达能力越好，表达就会越简明。

（6）礼貌（Courtesy），即沟通中要注重礼仪，说话讲技巧、有分寸。要注意自己的着装打扮、举手投足、语言谈吐等，从细节上严格要求自己，不断学习、改善。

（7）体贴（Considerate），就是要多为对方考虑一些，多站在对方的角度考虑和解决问题，换位思考，以心换心，这样我们付出的体贴将会得到对方的褒奖和加倍回报。

三、沟通的过程及障碍

（一）沟通的过程

沟通过程就是发送者将信息通过选定的渠道传递给接收者的过程，包括信息发出者、编码和译码过程、信息传播渠道、信息接收者等要素，此外在这个过程中还有可能存在一些干扰或者妨碍沟通的因素。

1. 发出者

信息发出者是沟通过程的主要要素之一。发出者是利用生理或机械手段向预定对象发送信息的一方。发出者可以是个人，也可以是组织。发出者的主要任务是信息的收集、加工及传播。

2. 编码与解码

编码是发送者将信息的意义符号化，编成一定的文字等语言符号及其他形式的符号。解码则恰恰与之相反，是接收者在接收信息后，将符号化的信息还原成为思想，并理解其意义。沟通应该是信息发出者的思想 1 经过编码和译码两个过程后，形成的思想 2 与思想 1 完全吻合，即编码和解码完全“对称”。对称的前提条件是双方拥有类似的经验，如果双方对信息符号及信息内容缺乏共同经验，编码、解码过程不可避免地会出现误差。

3. 渠道或媒介

不同的信息内容要求使用不同的渠道。如工作总结报告就不宜采取口头形式而多采用正式文件作为通道。有时根据需要也可以使用两种或两种以上的传递渠道。在各种方式的沟通中，影响力最大的仍然是面对面的沟通方式。

4. 接收者

接收者是发信者的信息传递对象。人们通过沟通分享信息、思想和感情，这种分享不是一种单向的过程，这个过程可逆向而行。在大多数情况下，发信者与接收者在同一时间既发送又接收。因此，接收者的主要任务是接收发信者的思想和情感，并及时地把自己的思想和情感反馈给对方。

5. 反馈

反馈是接收者接收发信者所发出的信息，通过消化吸收后，将产生的反应传达给发信者的过程。这意味着在沟通的每一个阶段都要寻求受众的支持，更重要的是给他们回应的机会。反馈可以是有意的，也可以是无意的，如演讲者在登台演讲时就存在一个与观众之间的沟通过程，此时观众可能以喝倒彩表示他们对演讲者的不满，也可以在听演讲时显得疲惫与精神不集中，同样可以反馈出他们对演讲内容和方式不感兴趣。

6. 噪音

噪音是沟通过程中的干扰因素，它是理解信息和准确解释信息的障碍，可以说妨碍信息沟通的任何因素都是噪音。

（二）沟通的障碍

1. 影响因素

在沟通的过程中，经常会出现干扰有效沟通的噪声，从而引起沟通不畅。下表分析了产生这些障碍的原因，以便在沟通中克服这些障碍。

影响因素	解释
感觉差异	由于人们在年龄、国籍、文化、教育背景、职业、性别、地位、个性等方面具有不同的背景，因此每种因素都可能引起感觉差异和对情境的不同认识。
武断	人们往往观其所想看的和闻其所想听的，而不是客观事实，因而易做出以偏概全、以点带面的结论。
成见	由于人们需要吸取经验，因而也存在这样的风险，即对不同的人一概而论：“你只要见过一个教师、学生、推销员和服务人员，你就会认识所有的这类人了！”
缺少了解	背景不同的人之间进行沟通是困难的，或人们对所讨论专题的认知程度不同时也难以沟通。
缺乏兴趣	接收者对发送者发送的信息不感兴趣是沟通中需要克服的最大障碍之一，而我们很可能认为大家和自己一样关心某事。
自我表达困难	作为沟通者，如果你难以用适当的词汇表达自己的思想，显然是一个沟通阻碍。另外，缺乏信心可能引起表达困难，精心的准备和策划可能会有所帮助。
情绪	发送者或接收者的情绪能造成阻碍，如某种激动的情绪会使你讲话语无伦次甚至表达出完全不是你本意的话。
个性	个性冲突是沟通失败的常见原因之一。我们难以改变别人的个性，但至少应当准备考虑自己的个性，尝试能否通过调整自己的行为建立更好的关系。

2. 克服技巧

意识到在沟通中可能会产生以上障碍因素以后，我们在沟通中应该通过分析，尽可能地越过这些障碍。

（1）系统思考。

在进行沟通之前，信息发送者要对其想要传递的信息有详尽的准备，并据此选择适宜的沟通通道等。

（2）因人而异。

发送者必须充分考虑接收者的心理特征、知识背景等状况，依此调整自己的谈话方式、措辞或仪态。如与老年健身顾客沟通，如果你语速过快，且多用流行语，势必不妥。

（3）运用反馈。

许多沟通问题是由于接收者未能准确把握发送者意思造成的，如果沟通双方在沟通中积极使用反馈这一手段，就会减少这些问题的发生。

（4）调整心态。

人们的情绪对沟通的过程有着巨大影响，过于兴奋、失望等情绪容易造成对信息的误解和过激的反应。

（5）积极倾听。

积极倾听要求你能站在说话者立场上，运用对方的思维架构去理解信息。我们要理解说话者的意图而不是你想理解的意思；应客观倾听内容而不迅速加以价值评判；还要对发送者传递的信息有一个完整的了解。

（6）注意非语言信息。

非语言信息往往比言语信息更能打动人。如果你是发送者，你必须确保你发出的非语言信息能有强化语言的作用。如果你是接收者，你同样要密切注视对方的非语言提示。

第二节 休闲体育沟通技巧

课前思考

1. 心理在沟通过程中很重要，如何把握顾客的心理？
2. 在与顾客沟通过程中，你应该怎样说出你的思想？
3. 在与顾客沟通过程中，你应该怎样去倾听？

导入案例

罗勃·康克林在《如何让人们为你效命》一书中写道：“如果你希望某人为你做某些事情，你就必须用感情而不是智慧，谈智慧可以刺激他的思想，而谈感情却能刺激他的行为。如果你想增强说服力，就必须好好处理一个人的感情问题。”同时，康克林还提出沟通要“动之以情”：要温和，要有耐心，要有说服力，要有体贴之心，意思就是要设身处地为别人着想，要体谅别人的感受。因此，对于休闲体育服务人员来说，首先要了解顾客是怎么想的，然后再运用适当的技巧进行沟通，如主动倾听，即准确了解顾客谈话的意图，正确理解他的意思；作出回应，让顾客觉得你和他的交流是真诚的；察言观色，即光靠语言交流并不能完全了解顾客的所思所想，还需要观察顾客的身体语言等；为谈话进行铺垫，即服务人员应该掌握让顾客打开话匣子的一些方法。

沟通并不是一种本能，而是一种能力；也就是说，沟通能力不是人天生就具备的，而是在工作实践中培养和训练出来的。沟通是一门学问，良好的、有效的、不给别人产生压力的沟通更是一门学问，这需要长期的修炼，其中也有一些技巧可供学习。

特别提示

沟通技巧是可以习得的。

一、消费者心理分析

在促销和服务过程中，如果会籍顾问和私人教练不了解消费者的心理，就无法进行成功的沟通。不同的顾客虽然有着不同的健身消费需求，但其中也有某种共同的趋势和规律。

（一）青年人消费心理

青年人是休闲健身中心经营与服务的主体之一，他们具有独立的购买能力和较大的购买潜力，同时他们的需求对中心服务内部结构调整或变化有着重要的影响。如何引导青年人进行消费，关键是了解和掌握青年人的心理特征。

1. 追求时尚

参加休闲健身锻炼是青年人的典型消费心理特征之一，他们热情奔放、感觉敏锐、思维活跃、内心丰富、富有幻想等，也追求时尚和新颖的享受，希望通过健身行为来符合潮流的发展和时代的精神。因此，青年人往往是这种消费行为的追求者、践行者和推广者。

2. 满足情感

青年人选择休闲健身中心，情感因素占主导地位。因此，会籍顾问或私人教练在市场促销及刺激青年人健身消费欲的时候，要把握这一鲜明的心理特征，在服务技能、服务效益及自身形象等方面，都应注意满足青年人健身消费的情感需要。

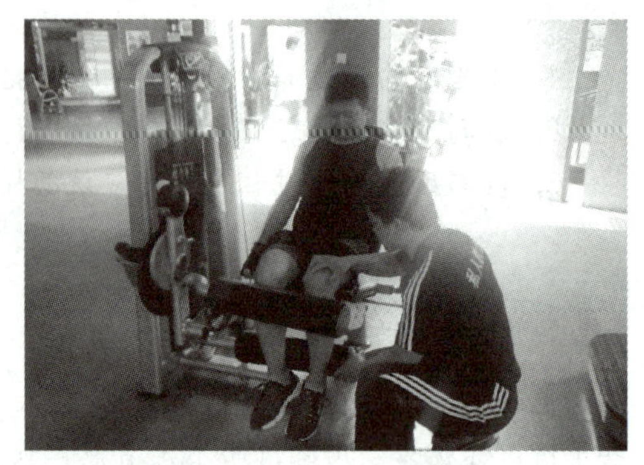

3. 获得效果

青年人健身消费在追求时尚的同时，往

往也注重获得效果。他们对休闲健身的消费有三个特点：能反映时代潮流与周边的氛围；坚信科学锻炼方式的要求，注重锻炼效果；通过健身消费来展示自我成熟和个性特征。各种因素综合刺激青年人的消费动机，决定其购买行为，表现了青年人消费趋于实际效果的心理。

（二）中老年人消费心理

随着日常生活趋于稳定和社会工作节奏的加快，中老年人迫切需要通过健身锻炼来增强体质和缓解工作压力。与青年人相比，他们具有更为丰富的消费阅历及消费经验，他们的健身消费追求和爱好与青年人不尽相同。

1. 需求稳定

中老年往往以自己正处于“不惑”和“知天命”这一“成熟”阶段为荣，希望用稳重、自尊和富有涵养的风度区别于青年人。他们在休闲健身消费中不再追求形体或刻意突出身体的某一部位，而是追求增强身体体质和缓解精神压力或丰富生活内容等。因此，会籍顾问或私人教练在促销和服务过程中，应以中老年人需求稳定的消费心理为基点，帮助他们建立正确的消费理念，使中老年人的消费长期稳定发展。

2. 理智消费

中老年健身消费是休闲健身产业市场发展的方向，是其应该扩大和引导的消费对象。但从实际情况看，中老年人在消费的情绪上，以理智支配自己的行动，很少感情用事。表现在消费活动中，从消费欲望的形成到消费行为的实施都要经过分析、综合、比较和判断，使自己的购买行为尽量合理、正确、可行、实用，很少有一时冲动、随意消费的行为。针对中老年人理智健身消费的心理，会籍顾问或私人教练在促销和服务过程中，应从实际情况出发，因势利导和因人而异地进行，促使更多的中老年人加入休闲健身消费行列。

（三）女性消费心理

现代女性随着社会的发展和物质生活水平的不断提高，她们的健身理念及健身行为方式发生了较大的变化，休闲健身中心对现代女性具有极大的吸引力。会籍顾问或私人教练应根据健身中心的服务设施、服务项目等，把握女性具有较优越的表达能力和传播能力，争取一个忠实的女性消费者，就会影响周围的一群人。

1. 追求美感

爱美是现代女性的一个明显特点，要达到这一目的，除穿着打扮外，通过健身锻炼求得妩媚优雅的身体曲线成为现代女性普遍的心理特征。因此，会籍顾问或私人教练应把女性爱美的消费心理与健身锻炼的功效紧密地联系在一起满足女性与众不同的消费欲望，激发女性的健身行为。

2. 突出实惠

不同社会阶层女性休闲健身消费，有不同的心理，但实惠是其共同特点。在健身消费中，女性希望所有的休闲健身中心能最大限度地满足自己的某种需要，并物有所值或物超所值，这就是女性典型的实惠消费心理。其特征表现在与会籍顾问或私教练接触中为小心谨慎、心细敏感，但又具有较强的形象思维；在购买行为上表现为对健身中心的各个服务环节十分挑剔，特别会把价格与锻炼效果等同起来，也会因一点不明确的地方或不周到的地方而犹豫不决。因此，会籍顾问或私人教练在促销和服务时应牢牢把握这一实惠消费心理，才能大大提高成功率。

3. 体现个性化

现代女性休闲健身消费趋向多样化、个性化发展，多样化、个性化在一定程度上具有“我行我素”和“随心所欲”的鲜明特征。她们与男性相比，更在意将自身特点与健身锻炼动机、锻炼效果及消费过程联系起来。因此，会籍顾问或私人教练在促销和服务过程中，应根据女性这一特征和不同健身消费需求当好参谋，使其认定休闲健身消费是有价值的和明智的。

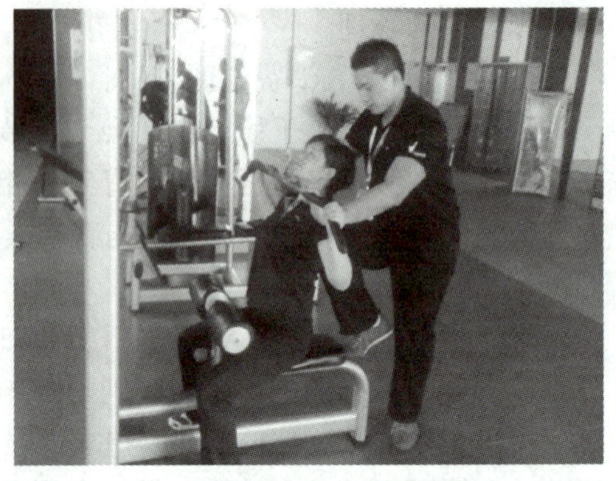

二、口头沟通技巧

在休闲体育服务和促销的交往中，双方更多的是使用口头语言。所以，口头语言比书面语言起着更直接的、更广泛的交际作用。因此，这对服务人员的口头表达提出了越来越高的要求。口头表达要求“简明、连贯、得体”，即语言要简要、明白，没有歧义，话题统一，上下文要衔接好，说话要看场合、分对象等。

（一）口头沟通的规律

服务人员要掌握口头语言表达的规律和技巧，努力做到善说与会讲，实际上就是强调口头语言表达的“五个特性”：

（1）针对性。运用口头语言应当根据不同的场合、不同的对象、不同的目的，有针对性地选择引人入胜的话题、语言材料和表达方式，以达到预期的效果。讲话时所身临的不同场景对口头语言表达是有不同要求的，采用的语言表达方式一定要符合具体场景的要求。

（2）多样性。口头语言技巧的具体方法多种多样，如幽默法、委婉法、暗示法、模糊法等；且每一种具体方法又有多种使用类型。如模糊法就分为宽泛式、回避式和选择式三种类型。宽泛式是用含义宽泛、富有弹性的口头语言传递主要信息；回避式是用不明确的口头语言避开确指性内容；选择式是用具有选择性的口头语言来表达不确定的行为。

（3）恰当性。服务人员经常需要对服务对象提出建议，需要注意措辞的恰当性。许多人用词比较直接，如常用“你应该”、“你不应该”、“你要”、“你不要”这类词，这会显得武断和有教训味。为了营造和谐的氛围，措辞应更加委婉。

（4）情感性。情感是口头语言表达的核心支柱。口头语言应当具有很强的情感性，因为不具有情感性的语言不具备感染力和鼓动力。口头语言的情感性还要与思想性紧密结合，空洞的、不具有内容的情感性语言不能触动服务对象。情感性的口头语言应该真诚、质朴，切忌渲染和夸张。

（5）丰富性。对服务对象吸引力强的口头语言具有丰富性。丰富性体现在如下几点：1）词汇丰富，即口头语言要力求运用描绘性的、富有表现力的、准确而生动的词汇等；2）句式丰富，即口头用语应注意句式的变化；3）修辞丰富，即要熟练掌握和运用各种修辞方法，增强口头语言的形象性；4）节奏丰富，即应当注意音量、音质、音色的变化。

（二）口头沟通的原则

1. 直接

有效口头表达的第一条要求是知道何时表达需要，意思就是你不能假定对方知道你所想的和所需要的。直接的沟通意味着不能抱有任何假定。有一些人并不知道这一点；也有一些人能够意识到何时进行沟通，但是他们很害怕进行这样沟通。于是，他们选择间接的方式表达自己的思想和情感，这样很容易导致信息的歪曲。

拓展案例

一位服务人员在为顾客提供咨询服务时，由于觉得另外一位服务人员与顾客的生活经历较相近，可能会更好的沟通，并提供更优质的服务。于是，就直接向顾客表达了自己的想法，他说："先生，您好。与您交流之后，我发现我有一位同事和您的经历很相似，我觉得你们沟通起来应该比我畅快，所以，我希望将我的同事推荐给您，不知道您是否同意？"顾客觉得这个要求合理，欣然接受了。

2. 及时

及时沟通有两点益处：及时沟通可以使对方更好地了解你的需要，而相应地调整自己的行为；及时沟通能够增强亲密感，因为你愿意当时就和对方分享你的感受。

3. 清晰

信息的清晰传递是指完整准确地反映了你的想法、情感、需要和观察，不能有任何遗漏，不能以模糊或抽象的形式扭曲信息。下面是清楚表达的一些技巧：陈述的时候不要提问，信息表达形式和内容要一致，避免双重信息，清楚表达自己的需要和情感，区分观察到的事实和自己的想法，每次集中讨论一个话题等。

拓展案例

服务人员李某在向顾客讲解网球的健身功效时，中间又插入了关于羽毛球的话题，使得顾客感觉有些模糊。李某没有坚持讨论一个问题，顾客还没有了解完整清楚的信息，他就偏离了主题，也就是说，他的口头表达不清晰。当然，他可以通过以下陈述理清信息：我感觉跑题了……；我们刚才在谈论什么……；我意识到我偏离主题了……。

4. 真实

真实的信息是指陈述的目的和沟通的真实目的相同。真实的表达意味着你必须告知真相，陈述自己真实的需要和情感。你可以通过以下两个问题来判断信息是否真实：我为什么要对他说这些？我是想让他听到这个或是别的什么吗？

5. 有支持性

富有支持性的表达是你让别人愿意倾听你所说的，而不是伤害对方，让关系变糟糕。支持性的沟通意味着你必须避开“输赢”、“对错”的误区。如果一方或者双方的目的是在交流中获胜或证明对方是错误的，而不是共享和理解，就会影响沟通。

三、倾听技巧

倾听属于有效沟通的必要部分，目的是为了沟通双方思想达成一致和感情达到通畅。休闲体育促销和服务过程中，倾听有着举足轻重的作用，我们需要掌握以下几点。

（一）消除干扰

外在和内在的干扰，是妨碍倾听的主要因素。因此要改进倾听技巧的首要方法就是尽可能地消除干扰。服务人员必须把注意力完全放在顾客身上，才能掌握顾客的肢体语言，明白顾客说了什么、没说什么，以及顾客的话所代表的意义。因此，在与顾客交谈时，要注视着顾客，这样就可以更加清晰地了解顾客想要表达的意思。

（二）鼓励顾客先开口

首先，倾听顾客说话本来就是一种礼貌，这表示我们愿意客观地考虑顾客的看法，让其感觉我们很尊重他的意见，这有助于建立融洽的人际关系。

其次，鼓励顾客先开口可以降低谈话中的竞争意味。我们的倾听可以培养开放的气氛，有助于彼此交换意见。顾客由于不必担心“竞争”的压力，也可以专心掌握重点，不必忙着为自己的矛盾之处寻找遁词。

最后，顾客先提出他的看法，你就有机会在表达自己的意见之前，掌握双方意见的一致之处。倾听可以使顾客更加愿意接纳你的意见，让你再说话的时候，更容易说服对方。

（三）使用并观察身体语言

谈话的时候，即使我们还没开口，我们内心的感觉，就已经透过身体语言清清楚楚地表现出来了。听话者如果态度封闭或冷淡，说话者很自然地就会特别在意自己的一举一动，比较不愿意敞开心胸。如果听话者态度开放、很感兴趣，那就表示他愿意接纳对方，很想了解对方的想法，说话者就会受到鼓舞。

拓展案例

服务人员白某在与顾客进行沟通时，非常了解身体语言的重要性，而且能够较为准确地观察和使用身体语言。他明白，“虽然你只是用耳朵在倾听，但是顾客可以通过观察你的眼睛来判断你是否真的在听，所以他经常与顾客保持目光的交流”；“非语言信号可以表露出对话题是否感兴趣，所以他用点头及恰当的面部表情表示自己在认真倾听，并尽量避免一些不良的、流露分心状态的举动或手势”。

（四）非必要时，避免打断顾客的谈话

善于听别人说话的人不会因为自己想强调一些枝微末节、想修正对方话中一些无关紧要的部分、想突然转变话题，或者想说完一句刚刚没说完的话，就随便打断对方

的话。经常打断别人说话就表示我们不善于听人说话，个性激进、礼貌不周，很难和人沟通。

（五）听取关键词

所谓的关键词，指的是描绘具体事实的字眼。这些字眼透露出某些讯息，同时也显示出对方的兴趣和情绪。通过关键词，可以看出对方喜欢的话题，以及说话者对人的信任。

找出顾客话中的关键词，也可以帮助我们决定如何响应顾客的说法。我们只要在自己提出来的问题或感想中，加入顾客所说过的关键内容，顾客就可以感觉到你对他所说的话很感兴趣或者很关心。

（六）反应式倾听

反应式倾听指的是重述刚刚所听到的话，这是一种很重要的沟通技巧。我们的反应可以让顾客知道我们一直在听他说话，而且也听懂了他所说的话。但是反应式倾听不是像鹦鹉学舌一样，对方说什么你就说什么，而是应该用自己的话，简要地述说对方的重点。

（七）明确各种暗示

很多人都不敢或不愿直接说出自己真正的想法，他们往往会运用一些暗示来表达自己内心的感受。但是这种暗示性的说法有碍沟通，因为他们话中的用意和内容往往被人误解，最后可能会导致双方的失言或引发言语上的冲突。所以一旦遇到暗示性强烈的话，就应该鼓励说话者再把话说得清楚一点。

拓展案例

严小姐第一次来到某休闲体育俱乐部，会籍顾问韩某为其提供了咨询服务。会籍顾问希望通过自己的介绍，让严小姐了解俱乐部的概况，引发她的消费欲望，并促使其发生消费行为。但是，在介绍到半程的时候，严小姐说："你的介绍非常详尽。不过我想起来了，我还有点别的事情要去处理。"韩某意识到了严小姐的言外之意，马上停止了介绍，送严小姐出了俱乐部，并欢迎她再次光临。

（八）暗中回顾，整理出重点，并提出自己的结论

当我们和人谈话的时候，通常都会有几秒钟的间隔，我们可以在心里回顾一下对方的话，整理出其中的重点。我们必须删去无关紧要的细节，把注意力集中在对方想说的重点和对方主要的想法上，并且在心中熟记这些重点和想法。

暗中回顾并整理出重点，也可以帮助我们继续提出问题。如果我们能指出对方有些地方话只说到一半或者语焉不详，说话的人就知道，我们一直都在听他讲话，而且我们也很努力地想完全了解他的话；如果我们不太确定对方比较重视那些重点或想法，就可以利用询问的方式，让他知道我们对谈话有所注意。

（九）接受说话者的观点

如果我们无法接受说话者的观点，那我们可能会错过很多机会，而且无法和对方建立融洽的关系。就算是说话者对事情的看法与感受，甚至所得到的结论都和我们不

同，他们还是可以坚持自己的看法、结论和感受。尊重说话者的观点，可以让对方了解，我们一直在听，而且我们也听懂了他所说的话，虽然我们不一定同意他的观点，我们还是很尊重他的想法。若是我们一直无法接受对方的观点，我们就很难和对方彼此接纳，或共同建立融洽的关系。

四、身体语言

身体语言，指非词语性的身体符号，包括目光与面部表情、姿势、身体间的空间距离等。我们在与人交流沟通时，即使不说话，也可以凭借对方的身体语言来探索他内心的秘密，对方同样可以通过身体语言了解到我们的真实想法。

（一）目光

俗话说，“眼睛是心灵的窗口”，眼睛可以反映人的情绪、态度的变化。情绪由中性向愉悦改变，瞳孔会不自觉变大；对使人厌恶的刺激物，瞳孔明显缩小。身体其他部位的沟通也与目光接触有关，人际沟通中如果缺少目光交流的支持，将会使沟通过程变得不愉快，而且很困难。

（二）面部表情

面部借助数十块肌肉的运动来准确传达不同的情感。任何一种面部表情都是由面部肌肉整体功能所致，但面部某些特定部位的肌肉对于表达某些特殊情感的作用更明显。

（1）嘴、颊、眉、额——愉悦的关键部位；

（2）鼻、颊、嘴——厌恶；

（3）眉、额、眼睛、眼睑——哀伤；

（4）眼睛和眼睑——恐惧。

当目光与面部表情不一致时，目光是表达个体真实心态的有效线索。

（三）手语与姿势

在交流的过程中，手语表达的机会比较多，每种手势的意义各不相同；姿势是个体运用身体或肢体动作表达某种情感及态度的体语，身体的触摸常常用来表达某些强烈情感。

（1）摆手——制止或否定；

（2）双于外推——拒绝；

（3）双手外摊——无可奈何；

（4）双臂外展——阻拦；

（5）搔头或搔颈——困惑；

（6）搓手、拽衣领——紧张；

（7）拍头——自责；

（8）耸肩——不以为然或无可奈何；

(9) 双手举过头顶——暴怒；
(10) 双手往上伸直——激动；
(11) 双手枕在头下——舒展；
(12) 一只手托着下巴——疑惑；
(13) 耸肩、双手外摊——不感兴趣；
(14) 颔首、双手放在胸前——害羞。

(四) 空间距离

人们的关系不同，人际距离也因此不同。美国学者霍尔根据对美国白人中产阶级的研究提出四种人际距离。

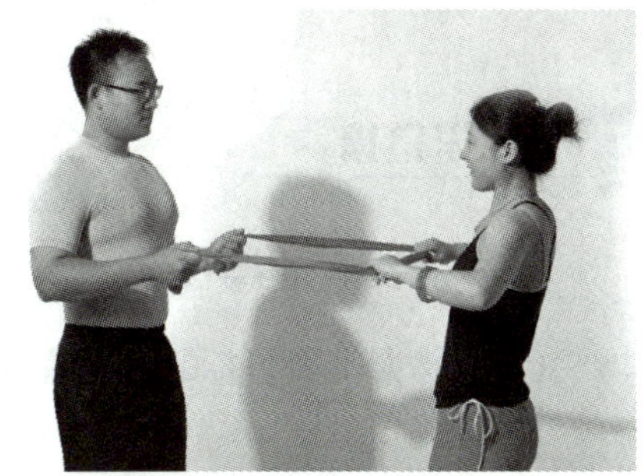

(1) 公众距离为 3.657～7.62 米（12～25 尺）。是在正式场合，演讲或其他公共事务中的人际距离，此时沟通往往是单向的。

(2) 社交距离为 1.219～3.657 米（4～12 尺）。是彼此认识的人们的交往距离，许多商业交往多发生在这个距离上。

(3) 个人距离为 0.457～1.219 米（1.5～4 尺）。是朋友之间交往的距离。此时，人们说话温柔，接受大量体语信息。

(4) 亲密距离为 0～0.457 米（0～18 寸）。是亲人、夫妻之间的距离。在此距离上双方均可感到对方的气味、呼吸、体温等私密性感觉刺激。

拓展案例

服务人员兰小姐，性格外向、勤于工作、善于交流、乐于沟通，与别人很容易“自来熟”。一次，王女士来到兰小姐所在的健身中心，兰小姐为其提供了服务。刚开始沟通时，两人的人际距离属于“社交距离”，不是很近；经过几分钟的交流之后，两人发现彼此气味相投、惺惺相惜，于是越说越近，成了朋友，并以姐妹相称，两人的人际距离就到了“个人距离”，比较近了。而且，王女士也答应愿意在健身中心进行身体锻炼。

拓展案例

会籍顾问张星曾有过一次深刻的体验。一次，一位顾客来向他买健身卡，他推荐了一款性价比较高的健身卡给他。那人对健身卡很满意，眼看就要成交了，对方却突然变卦而去。

张星为此事懊恼了一下午，百思不得其解。到了晚上 11 点他忍不住打电话给那人：“您好！我是张星，今天下午我曾经向您介绍一款健身卡，眼看您就要买下，却突然走了。这是为什么呢？”

“你真的想知道吗？”

"是的!"

"实话实说吧，小伙子，今天下午你根本没有用心听我说话。就在签字之前，我提到我的儿子小华即将进入大学读医科，我还提到他的学科成绩、运动能力以及他将来的抱负，我以他为荣，但是你却毫无反应。"

这就是张星失败的原因：没有用心听。在沟通过程中，如果不能够认真聆听别人的谈话，也就不能够"听话听音"，何谈机警、巧妙地回答对方的问题呢？倾听对于成功沟通至关重要，在休闲体育企业或中心工作，除了要善于倾听之外，还应掌握本节讲述的技巧。

知识链接

一、消费者的属性

（一）按照消费目标的选定程度划分

1. 全确定型

在进入休闲体育中心前，已经有明确的目标，对于所要做的健身项目的效果、服务程序、价格幅度等都有了明确的要求。进入中心后一般能主动地提出对服务的各项要求，一旦满意就迅速决定接受服务。

2. 半确定型

在进入休闲体育中心前，已经有了大致的消费目标，但对具体要求还不甚明确，最后的决定是通过比较来完成的。

3. 不确定型

在进入休闲体育中心前，没有明确的消费目标。进入休闲体育中心只参观，或是陪同他人而来，一般是漫无目的的，碰到感兴趣的健身项目也许会做，也许只是了解一番什么都不做就离去。

（二）按照消费行为表现特征划分

1. 习惯型

这类人喜欢根据过去的消费经验、使用习惯进行消费，他们会长期光顾一家休闲体育中心，或长期使用某个品牌或系统的健身产品，对信任、偏好的项目和产品不加考虑，接受、决定速度快，而且不受时尚风气的影响。

2. 理智型

这类人的特点是以理智为主、感情为辅，喜欢根据自己的经验和广泛收集的健身知识、信息，经过周密分析和考虑才决定消费，主观性较强，不愿别人介入，广告和会籍顾问或私人教练的推荐介绍对其影响甚少，始终由理智支配行动。

3. 感情型

这类人带有浓厚的感情色彩，想象和联想特别丰富，审美感觉也比较灵敏，易受外界因素如广告、流行的影响，对健身项目的时尚性都比较敏感，对价格高低不太重视。

4. 冲动型

这类人的特征是情绪易于冲动，心境变化剧烈，易受广告宣传的影响，喜欢追求时尚，常凭个人兴趣消费，决定迅速，但不满意时常会产生懊悔情绪。

5. 经济型

这类人参加健身多从经济和价格考虑，特别注重服务质量，一般有两种倾向：一种是讲究经济合算、物美价廉，喜欢在休闲体育中心打折时接受优惠服务；另一种是喜欢收费昂贵的服务项目，认为价格高必然是好的。

6. 从众型

这类人的特点是易受众人影响，对健身项目本身不做分析，认为只要大家都做就一定是有效果的。

7. 疑虑型

这类人行动谨慎、迟缓，体验深刻而且疑心大，从不冒失、仓促地做决定，还可能由于犹豫不决而中断，对会籍顾问或私人教练的介绍抱有戒心，即使决定了也会疑心自己上当。

8. 随意型

这类人的特点是缺乏经验，心理不大稳定，大多属于初次来参加的健身者，往往是听从他人介绍而来，大多缺乏主见、不知所措，对健身项目没有固定的偏爱，希望能得到会籍顾问或私人教练的帮助。

（三）按照消费者的情感反应划分

1. 沉静型

特点是感情不外露，举动不明显，态度持重，交际适度，心理平静，灵活性低。选择健身项目很少受外界影响，不愿与会籍顾问或私人教练谈些非健身的话题。

2. 谦逊型

这类人比较愿意听取会籍顾问或私人教练的介绍和意见，做出决定比较快，很少挑剔服务质量，对会籍顾问或私人教练的服务比较放心。

3. 健谈型

在选择服务项目时，这类人能很快与会籍顾问或私人教练接近，愿意与他们或其他会员交流经验。兴趣广、话题多、开朗、爱开玩笑，甚至谈得忘乎所以，忘记了本来的目的，灵活性高，环境适应能力强。

4. 反抗型

这类人往往不能忍受别人的意见，对会籍顾问或私人教练的介绍持有戒心，异常警觉，甚至有逆反心理，越介绍越不信任，性格孤僻、独立，主观意志较强。

5. 激动型

这类人常会语言和神情都神气十足，甚至用命令的口气提出要求；情绪容易激动，稍不合意就会发生争吵，抑制能力差，情绪易激动。

二、倾听的注意事项

(一)“八不要”

1. 不要激动

服务人员不要匆忙下结论，不要急于评价顾客的观点，不要急切地表达建议，不要因为与顾客不同的见解而产生激烈的争执等。

2. 不要边听边琢磨顾客下面将会说什么

服务人员要一心一意地倾听顾客的讲话，不可三心二意。

3. 不要使你的思维跳跃得比说话者还快

顾客是上帝，作为服务人员要尽量遵照顾客的思路进行交流。

4. 不要试图理解顾客还没有说出来的意思

如果顾客没有直接表达自己的观点，为了避免曲解顾客的意思，千万不要猜测或推断顾客的想法和态度。

5. 不要了解不应该知道的内容

顾客在表达自己的思想和情感时，服务人员不可出于好奇而询问一些自己不应该知道的事情。

6. 不要做“小”动作

在倾听时，不要做出下面的举动：一直看表或手机、心不在焉地乱翻档案、随手拿笔乱写乱画、与别人交谈等，这些举动会让说话者感到你很厌烦，对话题不感兴趣。

7. 不要总想占据主导地位

在倾听顾客讲话的时候，不要认为自己是“顾问”或“教练”，而总想占据主导地位，不在意或忽视顾客的讲话。

8. 不要介意说话风格

有些顾客说话语速很快，有些顾客说话慢条斯理；有些顾客说话语调低沉，有些顾客说话语调高亢等。作为服务人员，要接受每位顾客的说话风格。

(二)“四要”

1. 要抱有热情的态度

正确的倾听态度是达到优秀倾听效果的前提。倾听顾客说话时，问问自己：“我微笑了吗?”

2. 要体察对方的感觉

一个人感觉到的往往比他的思想更能引导他的行为。体察感觉，意思就是指将对方的话背后的情感复述出来，表示接受并了解他的感觉。

3. 要注意反馈

倾听别人的谈话要注意信息反馈，及时查证自己是否了解对方。你可以说：“不知我是否了解你的话，你的意思是……”

4. 要转换角色

在大部分工作环境中，倾听者与说话者的角色常常在交换。有效的倾听者能够使说者到听者以及听者再回到说者的角色转换十分流畅。从倾听的角度而言，这代表着听者正全神贯注于说者的谈话内容。

第三节　休闲体育沟通实例

课前思考

1. 假如你是一名会籍顾问，你将如何与顾客沟通？
2. 假如你是一名私人教练，你将如何与顾客沟通？

导入案例

会籍顾问，即会籍服务生或业务员，也就是说在会员制的健身中心里从事会籍的销售与管理服务的从业人员。他们的职责是：贯彻和执行会员章程、会员守则及其他相关规定；积极推动并吸纳顾客或潜在会员成为正式的会员，为其推荐最适合的私人教练、健身健美产品消费服务等，还要为会员解释和提供相关权利，并做好相关售后服务。私人教练是指为健身爱好者提供一对一具体指导的健身指导者。他们的职责是：为顾客提供科学的健身指导，帮助顾客获得健康。因此，无论是会籍顾问，还是私人教练，都需要与顾客进行沟通，都应该学习和掌握一定的技巧。

在休闲体育中心，提到直接进行休闲体育促销和服务的专业人员，我们可能会立刻想到会籍顾问和私人教练。的确，他们是休闲体育中心的主力军和核心。结合前两节介绍的沟通的基本理论和沟通的主要技巧，具体落实到会籍顾问和私人教练身上，他们应该了解和掌握哪些内容和方法呢？

一、会籍顾问的沟通

为适应健身产业的市场化发展，会籍顾问的促销地位举足轻重，他们的促销方法或服务质量将直接影响到休闲体育中心经营策略的落实。为了实现有效的促销活动，会籍顾问与顾客进行沟通交流必不可少，考虑到两者的关系，与其说是“沟通交流”，用“公关”一词更为形象。公关是指会籍顾问与休闲体育中心顾客之间，为了促成某次交易或解决某一争议而进行的磋商与协调。会籍顾问的公关是经营活动的一部分，也是促销活动的一项重要内容。与顾客的公关能否顺利进行，直接关系到会籍顾问的促销活动能否成功。因此，每位会籍顾问必须具备与顾客公关的知识和技能。

（一）成功公关的相关因素

1. 公关前期策划与准备

会籍顾问作为休闲体育中心的公关代表，在公关的前期策划与准备工作是非常重要的。公关前期的策划有：公关的群体居住区域、区域周边环境、消费对象、消费阶层、消费理念及消费水准等；公关的准备工作主要有：休闲体育中心设施在同行业中的排行、服务项目与市场供需、服务技能与服务质量的可信度、发展潜力和发展空间、消费价格与消费群体的层次等。

2. 公关传播的语言形式

传播是公关活动的重要组成部分，是会籍顾问通过一定的语言媒介向顾客传递信息，以唤起其特定心理和行为的一种活动。会籍顾问公关传播的语言形式主要有有声语言和肢体语言两种。

3. 言谈幽默

言谈幽默是会籍顾问公关中的一种艺术，在与顾客洽谈时，用幽默的言语可以达到缩小与顾客之间距离的目的，同时使会籍顾问从有些问题中或尴尬时刻里脱身。

拓展案例

顾客钟某来到休闲体育中心，询问和对比健身项目的价格。对于这类较为敏感的问题，不同应答会产生不同的效果。会籍顾问李某的回答是："您的健康身体或优美形体是不能用价格来衡量的，您说是吗？现代健身理念的确立是不能用价格来衡量的，更何况这隐藏着不等价值，关键是您健身消费过程中的满意度，您说是吗？"这两句话既回避了问题，又具幽默感，比采用直接问答的方式，如支支吾吾，或以"哼哼"声来掩饰不知强了多少倍；同时还改变了顾客误认为公关是为"钱"而来的看法。

4. 售前服务意识

一般的公关活动注重售后服务，而会籍顾问公关活动应提倡售前服务，售前服务对顾客的购买欲有着至关重要的影响。售前服务主要不是针对服务设施、服务环境及服务质量，而是针对顾客本人。在与顾客交谈时，会籍顾问向顾客讲解所关心的健身事项、分析健身与消费间的关系、达到欲求目的等，让顾客感受到热情与重视。但是，绝对不要娇惯某些休闲体育中心顾客，不要满足顾客过分的要求。

拓展案例

休闲体育中心经理程某告诉会籍顾问王某，说王某上次与黄先生的沟通、公关非常成功，值得表扬。在程某看来，公关成功的标准是：你的服务对象在你的指导锻炼与指导消费服务之后，因为满意而再次向你购买，或者主动向自己的亲朋好友推荐你及你的休闲体育中心。这一点他的服务对象做到了。程某对会籍顾问说，"假如顾客感到非常后悔，这就是一笔失败的业务；要让顾客满意，在其他条件不变的情况下，需要的是加强沟通"。

（二）会籍顾问的公关方法

会籍顾问在公关活动中，无论是对熟悉的顾客，还是对初来的顾客，都应主动上前打招呼和热情地接待与迎送。对所有来访的顾客都应不分彼此，一律以礼相待，并请教姓名、单位等，因为在公关的过程中，做到"有礼有节"原则是很重要的。一般应特别注意的是：使用恰当的称谓；注意使用必要的谦、敬语；选择恰当适中的问句；注意时机和因人而异；合理使用告别语等。以下将介绍一些具体的公关方法。

会籍顾问在服务于健身消费领域的同时，公关方法是推销休闲体育中心的品牌和使自身的形象走向市场的唯一途径，公关其实质是推销的过程，是会籍顾问运用各种公关技巧，说服顾客进行健身消费的过程。会籍顾问接待健身消费顾客时，其实质是推销自身和炫耀自身的才华，并在短时间内完成。在短短几分钟里，会籍顾问的言语能留住健身消费顾客并打动他的心，生意就成交；留不住，一笔买卖告吹。此外，在健身行业市场的竞争中，如何能突出自己，把顾客吸引到自己身边，也需要与众不同的语言。所以，这都要求会籍顾问的公关话语具有强烈的渲染色彩。

1. 层层诱导

层层诱导是会籍顾问根据顾客的健身消费心理，层层诱人的一种发话艺术。顾客踏进休闲体育中心看设施、环境、服务时，往往是带着欲消费情绪或受周边消费影响的驱使，而并非一定有什么消费的目的。对这类潜在的顾客，作为一名会籍顾问在接待介绍的同时，应层层诱导。

人们喜欢受到他人的尊重与赞扬，公关过程中，适时奉承能使顾客感到一种满足。这时，伺机告知消费价格，激起顾客的购买欲望，最后成交。层层诱导的发话艺术，是在不让对方感到压力的原则上，轻轻地一层一层地推动他，促其完成购买行动。

2. 定向诱导

定向诱导是指会籍顾问有目的地诱导顾客做定向的发问艺术。休闲体育中心顾客具有不同的性别、年龄、职业及体质，会籍顾问在接待顾客时，不同的发问方式会带来不同的销售结果。

拓展案例

什么是定向诱导？可以从如下两位会籍顾问的发问中区别出来。

甲说："要不要进行健身锻炼？"

乙说："请问，您想参加健身锻炼，对目的、需求及为您服务有哪些要求？"

结果，第一种发问，销售的只是买卡锻炼的一半；第二种发问，把顾客与买卡、锻炼、消费服务及涉及健身消费内涵所带来的销售联系起来。第二种发问就属于"定向诱导"。"要不要进行健身锻炼"这一发问的定向是不正确的，而"加上锻炼的目的、需求及为您服务等有哪些要求"这一发问的定向是正确的。

3. 激将

当顾客产生健身消费欲望，但又犹豫不决的时候。适当使用"激"的技巧，激发对方的好胜心理，促其迅速作出决断，这就是"激"的技巧。

在健身产业和市场蓬勃发展的今天，经常有三五成群的青年男女光顾休闲体育中心，在这其中不乏健身消费欲望的，有陪同随行的，还有对健身锻炼毫无兴趣的。当他们刚步入休闲体育中心门槛时往往很好奇，休闲体育中心的环境设施对他们的潜在健身消费欲望有着巨大的吸引力。此时，会籍顾问应抓住契机，在"层层诱导"和

“定向诱导”的基础上，进行“激”方法的公关。

资料链接

一些“激”的公关语言如下：

“您是学生，我们休闲体育中心对学生有优惠政策，若三人或五人参加将有团体优惠政策。”

“您是健身运动的爱好者，我们休闲体育中心的服务宗旨是为大众健身服务，我在为您服务的同时，在价格问题上，我可以让您在消费的过程中得到实惠。”

“今天我免费指导您锻炼一堂课，希望您从中受益，并希望您能有实际行动加入健身消费行列。”

“在优惠政策的同时，我的服务质量将得到保证。并递上名片，若有服务质量上的问题，您将可以进行投诉。”

4. 对比

会籍顾问在公关的时候，可以对周边地区的休闲体育中心进行比较，让顾客在对比中产生差别的感觉，这样就会增加说服力。这种“比”的推销术，特别能使顾客看清消费后的利益，增加对会籍顾问的信任感。

拓展案例

顾客陈某来某健身中心锻炼了一段时候后，认为“锻炼消费太贵”，找到了会籍顾问梁某“讨说法”。于是，会籍顾问梁某就拿周边地区休闲体育中心的环境设施、配套服务的信息与服务质量的承诺、月参加健身锻炼消费的人数及锻炼消费群体的层次等方面内容进行了比较。陈某确实发现该休闲体育中心“货真价实”。

5. 提问

在推销过程中，我们经常发现有的顾客不假思索地拒绝。遇到这种情况，会籍顾问应“迎难而上”，使用巧妙的设问。提问的作用很多，它是推销应对口才最有力的手段，一定要熟练掌握与运用。如当我们碰到“不参加”、“今天不买卡”或“过几天再说”等托词时，拒绝的背后隐藏的各种因素和其对应的提问方式如下表所示。

隐藏因素	提问
锻炼时机不理想，现在不着急买卡锻炼。	您是不是认为目前没有必要买卡进行锻炼？
因为价格问题，自身经济方面有顾虑。	价格方面是否满意？
不喜欢推销员。	关于我的说明有无不清楚的地方？
不喜欢这个健身消费场所。	您觉得我们的健身消费环境如何？
已经在其他休闲体育中心参加锻炼。	您是否已认定在一家休闲体育中心健身消费？
真正无意参加锻炼。	您对健身锻炼与健身消费一点兴趣也没有吗？

6. 演示

有的问题如果仅凭三寸之舌还难以让顾客明白，那就要采用实例、数据、图片等方法来加以说明和演示；或将抽象的服务及服务质量等好处具体化、形象化。必要时请顾客亲临体会，将其服务的功能、特点及相关服务设施的使用方法逐一介绍，充分体现休闲体育中心服务的亲和力和私人教练的魅力，这些比言辞说明更有吸引力和说服力。

拓展案例

顾客张某有着强烈的器械健身欲望，但不知从何下手进行有效的锻炼。会籍顾问小蔡对其进行了针对性的引导，从器械的锻炼功能到身体锻炼的部位；从器械的使用方法到应注意的事项；从器械锻炼对人体机能的功效到合理的运动营养配备等具体演示，从而引起张某的极大兴趣，购买欲在演示中得以实现。

7. 贴心

在公关中，一句贴心话，会使顾客“忘记”你是会籍顾问，而是他们的知心朋友。这样既为推销打开了销路，又交了朋友。贴近顾客要注意以下语言表达技巧：

（1）捕捉顾客的购买欲望。

当顾客进入休闲体育中心时，享受健身锻炼氛围和激发锻炼欲望是顾客的普遍心理。此时此地的会籍顾问不能等着顾客上门，而应主动贴近顾客，与顾客亲切攀谈，请看下面的表。

	攀谈内容
1	欢迎您到我们中心参观与咨询，我们竭诚为您服务。
2	我是中心的会籍顾问，可以负责您咨询相关的内容。
3	我们中心服务设施和服务项目齐全，是您健身锻炼与健身消费的理想环境。
4	像您这样的年龄（或体型或职业）到我们中心参加锻炼的人员占的比例是相当高的。
5	我们中心可根据个体的健身需求，制定个体的健身锻炼计划和建立锻炼档案。
6	我们中心可根据特殊的健身需求，提供特殊的健身消费服务。
7	我们中心可根据健身锻炼的健身消费需求，为您提供健身消费指南服务。
8	我们中心有严格的管理制度和良好的经营理念，顾客在接受服务的过程中若有不满意的地方，可进行投诉。

当顾客流露出渴望健身欲望的信息后，不应单刀直入去询问顾客，而应先从感情上贴近顾客，与顾客亲切交谈，力求言谈相通、爱好相投，顾客自然产生好感，因而产生兴趣。会籍顾问应抓住瞬间的心理变化，绕道进入正题，使顾客高兴地接受健身消费的推销。

（2）多用请求式语气。

要想贴近顾客，必须用真诚去打动顾客的心，唤起顾客对会籍顾问的喜爱和信任，让顾客感到是在帮助他，而不是仅仅想赚他的钱。要做到这一切，应当注意语言表达技巧，多用像“请您等一会儿，好吗”的请求语，不说“您等一会儿”的命令语。

拓展案例

顾客普某听了会籍顾问的介绍后，仍然举棋不定、沉默不语，在休闲体育中心徘徊。看到这种情况，会籍顾问小李主动说了一句“请您先试用练几次”。这样的一句话会打破沉默气氛，能产生“认同感”的效果，使顾客把会籍顾问当作好友看待，促销也就有了成功的可能。

(3) 见什么人，说什么话。

面对随和型顾客要热情，有耐心，要顺水推舟，满足他们的自尊心；面对严肃型顾客要真诚、主动，以柔克刚，设法使他们开口；面对慎重型顾客要不厌其烦，耐心解答，不要言语唐突，刺激对方；面对情绪型顾客要摸准其心理，通过言行取得对方的信任，消除其心理压力，使他有一种安全感。

二、私人教练的沟通

(一) 倾听技巧

私人教练要与顾客建立良好关系，需要热情而认真地倾听顾客说话。在与顾客交谈中专注地听是在无声地告诉对方，你是一个值得我聆听你讲话的人。这样，也就在无形中表示出了自己对对方的尊重。对方受到你的尊重，就会对你产生好感，并乐意与你交往。

一位私人教练要取得顾客的信任，单凭三寸不烂之舌，甜言蜜语，甚至说得天花乱坠去打动顾客是不够的，还要懂得并重视听话的学问。

1. 全神贯注地倾听

在顾客说话的时候，私人教练要全神贯注地听，这是对顾客的尊重，也可表达友好的信息，有助于营造一个良好的交谈环境；此时，不要因外界环境干扰、对方口音、内容表达质量等影响而分心。

2. 敏锐地抓住顾客的意图

交谈时，顾客的表达有曲直、清晰与模糊之分，私人教练精神要专注，要善于敏锐地发现说话的意图，从而把交谈引向深入和有效。

3. 适时适当地插话、提问

适时适当做出插话或提问，表示出私人教练对顾客话题的兴趣和关心，会得到顾客的信任，活跃气氛。在顾客说话时，私人教练缺乏耐心，随意打岔，争着去说，这是失礼的表现；相反，听话时，私人教练只是静听，毫无反应，这又给人冷淡之感。

4. 不急于做出结论

听话时要表现出冷静和理智，不要顾客一说开头，私人教练就妄下断语，显得傲气逼人；或者顾客说了半天，不知所云，私人教练就着急，匆忙下结论。

5. 站在顾客立场考虑问题

站在顾客立场，从对方角度考虑问题，将心比心，对顾客表现关心、理解和同情，就特别容易促成沟通，取得共识。

6. 注意形体语言配合

倾听时，私人教练配合使用形体语言十分重要，私人教练不能只用耳朵去听，而目光到处游移不定，或者面部毫无表情，这样会表现出私人教练并非真诚待人。

7. 最后酌情复述要点

倾听要抓住重点，尽力理解谈话的中心内容。谈话近尾声时，把顾客所谈的要点复述一遍，以表示私人教练确实在听，是一个真正办事的人，使顾客对私人教练建立起信心，这样交际就容易得多。

（二）接待技巧

要想吸引、留住顾客，要做好三个方面的工作：第一是形象，第二是接待服务，第三是技术水平。在顾客走进中心后，从门口到接受私人教练指导服务这段过程中，顾客已经对中心做出了60%左右的评价。因此，接待服务是三个要素中至关重要的一个环节。接待技巧水平的高低，不仅仅是私人教练个人素质的表现，也是决定中心效益好坏的关键。

1. 接待顾客的原则

（1）措辞得体。

休闲体育中心每天都会在千变万化的情景下迎来形形色色的顾客，而这些顾客正是检验私人教练接待顾客水准的试金石。如果你能让这些不同层次、不同类别的人都感到满意，你就称得上是真正合格的私人教练。因此，在礼貌待人的前提下，对待不同年龄、不同性别、不同职业的顾客，使用的措辞应有所不同。

资料链接

一个刚工作不久的女孩子来休闲体育中心，如果私人教练像对年长的男性顾客说话时那样，对她使用最为尊敬的语言，极为谦恭，这个女孩子可能会如针芒刺背，浑身不自在。对私人教练来说，无论面对的顾客是多大年龄，是男是女，也无论他们的消费水准是高是低，均应一视同仁，礼貌地提供指导服务。但有一条是值得注意的，对待年长的顾客时使用的措辞与对待年轻顾客、青少年顾客时使用的措辞不一样；对待男性顾客与对待女性顾客使用的措辞也有所不同。也就是说，不只是措辞礼貌就达到要求了。

（2）语言恰当。

私人教练在接待过程中用词要恰当，恰当的词语能增加顾客的满意度。可以对比下表所列的用语。

不恰当的语言	恰当的语言
行了吗？	这样可以了吗？
跟您一起来的人也坐过去吧。	能不能请跟您一起来的客人也坐过来，稍等片刻。
到时候再联系吧。	到时候，我要与您取得联系。
请把工作单位写上。	请把贵单位的名称写上好吗？

续前表

不恰当的语言	恰当的语言
好了，给你看看。	好了，请您看看。
按我刚才说的做。	请按我刚才说的试一下好吗？
请坐到那把椅子上去。	请您坐那把椅子可以吗？
哎呀，今天马上就要下班了，请明天再来吧。	实在对不起，马上要到下班时间了，能不能劳驾您明天再来一趟呢？您好不容易来一次，真不好意思，请您原谅。
欢迎下次再来。	欢迎您再次光临。
正等着你来呢。	正等着您大驾光临呢。

(3) 遣词正确。

正确的遣词有利于私人教练课程的推销服务。许多私人教练似乎不明白正确的遣词用句所能产生的作用，在指导服务过程中，不断重复同样的错误，导致课程销售额度越来越少，而他们自己却意识不到这是由他们不当的语言带来的过失。

资料链接

用“费用”这个词时，如果有一位私人教练对你说，“私人教练服务课程每一节的课时费用是150元”；作为顾客的您，是不是立刻联想到自己口袋里的百元大钞就要长着翅膀飞走了呢？因此，应该把刚才那句话修正一下说，“某某先生，私教课程每一节的课时费用只需要150元”。是否体会出这两句话的差别了？后面一句话的潜在意思是说，您是一位成功人士，150元只是您收入中的很少一部分。

(4) 目光交流。

私人教练要想在同顾客交流沟通方面有更大的进步，就必须借助于眼睛。特别是会话进入高潮时，视线的位置以及眼睛的转动往往比你的谈吐更容易被顾客关注。

资料链接

当顾客走进休闲体育中心时，上前去迎接的私人教练如果不注意用眼方式，对顾客肆无忌惮地上下打量，好像见了什么稀有动物似的；或者是眼珠向上翻着，对顾客做出横眉竖目、不屑一顾的样子；或者紧盯着顾客看。此时此刻，顾客会是什么样的心情呢？

某顾客正在对你大谈特谈他自认为有趣的经历时，你却把视线由他身上移开去，望着其他物体发愣，或者东张西望。此时此刻，他又将是什么样的心情呢？

对于从事服务性行业的私人教练来说，眼睛运用是否得当，能够反映出私人教练服务水平的高低。

2. 接待顾客的要点

(1) 迎接顾客时应站在顾客前方的一侧，保持适当的距离，自然站立。使用敬语时，要吐字清楚，发音要轻缓。在与新来的顾客打招呼之前，应先向正在接受服务的顾客道一声“对不起”。

(2) 请顾客入座或操练器械时应辅以手势，手势要准确，动作要自然大方。对老年人或行动不便者应给予协助。

(3) 在动手操作前，一定要先与顾客进行充分的沟通并达成共识。服务中要注意观察顾客的反应，以便及时妥善地处理遇到的情况。

(4) 按照技术标准、处方规程操作，动作要准确、到位、稳重。操作中需要顾客给予配合时，一定要使用“对不起”、“请您”、“谢谢”等礼貌用语。

(5) 辅导中除遇特殊情况外，不应中断服务。辅导中不应与他人聊天，不允许吸烟。需要接听电话等，必须中断服务时，应向顾客致歉，并取得顾客的同意。

(6) 因故耽搁服务时应向顾客进行解释、致歉，取得顾客的谅解，并采取相应的补救措施，使顾客满意。

(7) 与顾客交流沟通时，不应涉及与工作无关的内容。

(8) 顾客对服务表示不满或发生冲突时，首先应向顾客表示歉意，并立即向相关人员反映，及时进行处理，不得争吵或私下处理。

3. 接待顾客的方法

(1)“忽视”会话。

“忽视”会话是指当顾客提出的一些反对意见并不是真的想要获得解决或讨论时，意见和眼前的交易没有直接关系，你只需面带笑容地同意他就好了。你只想要让顾客满足表达的欲望，就可采用“忽视”会话法，迅速引开话题。

拓展案例

张某从事私人教练工作5年了，对“忽视”会话有自己独特的见解。他认为，如果顾客提出的异议情形并不严重，不予答复不会影响愉快会话的继续进行，则可采用此法；心里虽然可以有置顾客异议不理睬的念头，但其外表应泰然自若、若无其事，以免顾客看出破绽，产生被人奚落的感觉；当确定不理睬顾客异议会引起顾客不满时，应设法转化消除顾客异议，不能忽视。另外，“忽视”会话常使用的方法是微笑点头，表达“同意”，或表示“听了你的话”，或回答“你真幽默”。

(2)“回音”会话。

“回音”会话是指当对方的见解有些偏激，或者跟自己的观点完全不同时，不要急于表态。要像自然现象中的回音一样，对顾客的意见表示认可和接受，给顾客吃一粒“定心丸”。可以说，“嗯……有道理，确实如您说的那样，在现实生活中……”。

在认真听取顾客谈话的基础上，选择时机，重复谈话的要点或主题。然后，把你的观点作为一种例外情况提出来。如果顾客仍坚持自己的看法，没必要与之争辩，可以转换话题，重新进行新话题的会话。

(3)“决定”会话。

当你费尽心机、口干舌燥地讲了一大堆话后，顾客仍然拿不定主意时，不妨使用一下“决定”会话。

拓展案例

私人教练胡某看到顾客关先生对健身选择犹犹豫豫，于是说：“关先生，您看这样行不行，您这一周先免费试上两节私教课，如果您觉得效果不错，再决定购买私教课程可以吗?”在这种特定情况下，由私人教练这方提出合理建议，做出“决定”，打消顾客的顾虑，就比较容易让犹豫不决的顾客接受。

（4）“提问”会话。

“提问”会话是指私人教练向顾客提问，以便清楚顾客什么地方说得不够详细清楚，什么地方存在问题等。可以根据提问的内容，找出接下去会话的要点，把谈话继续下去。

拓展案例

私人教练小马，为了了解顾客屠先生的想法和态度，他这样问道：“您说得很有道理，您所讲的我听明白了。也就是说，私教课程系统只有靠它自身的优秀性能和高品质才能赢得顾客。不过，能不能再多想想别的办法呢？比如，在私教课价格上、续卡方式的环节上……”

屠先生于是说出了自己的一些看法。

“嗯，有道理，你的想法值得考虑嘛，我们的私教课程系统本身无可挑剔，如果再有……会更加完善。”

这是“提问”会话的一个例子，即在交谈时，紧紧地围绕顾客讲话的主题，用提问的方式，促使顾客更深层次地考虑。但是，一定要注意提问时把握分寸，掌握好难易程度。

（三）观察技巧

顾客来到休闲体育中心虽然都是为了健身健美，但具体需求因人而异：选择什么健身系统，需要什么运动项目，对私人教练服务态度、服务质量的要求，对中心环境、器械设备和用品卫生的要求等方面都不同。因此，要具体了解每位顾客的需求，提供满意的服务，就需要观察顾客。

顾客的表情、举止、言谈是其心理活动的外部表现，私人教练要留心观察顾客的表情变化，仔细倾听其举止言谈，就能很好地了解顾客的心理活动。如某位顾客询问瘦身项目、采用何种减肥方法、反弹情况怎样、选择何种器械动作、价格如何等，我们自然可以推测这位顾客已有减肥瘦身的需求。私人教练在观察和交谈中，要掌握下列因素，作为判断顾客心理活动的依据：

（1）服饰——辨别职业、身份、宗教信仰及经济条件等；

（2）外貌——辨别性别、年龄、生理状况等；

（3）口音——辨别籍贯、民族、地域等；

（4）言谈——辨别具体需要。

1. 观察的方法

（1）静态观察法。

顾客进休闲体育中心并没有很长的时间可供私人教练打量。所以，私人教练要调动所有的感官进行观察，从顾客的衣着服饰、神情、姿态、体形、行为等方面做出判断。

私人教练要学会捕捉顾客的目光，及时了解他的需求，适时提供服务。这需要私人教练悄悄地观察顾客，把握与顾客交流的时机：

1）当顾客注视某一项健身项目或某一种陈列产品时；

2）当顾客较长时间拿着某种健身用品或长时间注视着健身价目表时；

3）当顾客的视线看向私人教练时；

4）当顾客显示出比较忧虑、犹豫时；

5）当顾客拿出广告或宣传品对照参考时。

（2）动态观察法。

通过与顾客的交谈，了解顾客的需要并及时判断顾客的类型。要善于从多角度进行观察，得出判断，随时改变服务方式、谈话内容，为顾客提供周到而适度的服务。切不可用一种模式对待所有的顾客。

2. 服务方式的选择

（1）把握特点。

对于确定型顾客，私人教练应以最快的速度为他们提供所需的服务。如果是老顾客，只是重复以往的服务项目，那么，私人教练只要尽快为其落实即可。新来的顾客是听人介绍或从传媒获知决定前来接受健身服务的；因为是第一次，所以他们也许并不需要立即得到服务，而是想再了解一些具体情况，私人教练应当根据顾客的个性和消费行为特征来确定服务方式。

对于半确定型顾客，私人教练应重点争取，因为他们尚未确定在哪家休闲体育中心健身，私人教练应当尽量展示中心的优势，如环境、质量、收费等，也许顾客就会决定在此健身。另外有一种顾客，很想健身，但不知什么项目最合适自己，私人教练应根据顾客的具体情况介绍服务项目，适度地推荐效果好的健身项目。

对于不确定型顾客，私人教练切不可冷落他们；应当耐心服务，并用灵活的方式介绍休闲体育中心的特色，把他们当作潜在的客户来积极争取。

拓展案例

私人教练裴某，一天之中服务了三个人。根据裴某的观察或交谈，王小姐是确定型顾客，裴某知道，王小姐来健身期望抓紧时间，所以为其尽快安排了健身服务；苏先生是半确定型顾客，裴某向其介绍了中心的健身项目，还带他参观了最能打动顾客的设施，并自己进行了操练；汪小姐是不确定型顾客，而且没有时间来接受健身服务，于是，裴某向她推荐了家用的健身产品，向其进行了健身知识宣传，并希望她能够亲身尝试。

（2）因人而异。

对于爱讨价还价、好占便宜、一直问价钱的顾客，私人教练不要向其推荐昂贵的项目和产品，以免造成心理负担，可介绍价格便宜适中的项目和产品，并强调效果和优点。

对于虚荣、自负、穿着入时、喜欢谈论或吹嘘自己的顾客，私人教练不要对其发表批评性意见，在介绍服务项目或产品时应慎重，依其所需，着重强调新颖性和独特性。

对于有明确消费意愿、主观意识很强、比较固执的顾客，私人教练应当尽量满足其意愿，对其尽量予以肯定，即便看法不同，也必须用委婉的方式表达。

对于衣着打扮非常讲究、过分要求优质服务、对消费非常苛求的顾客，私人教练一定要清楚其需要的是什么，可介绍价格较高、功效突出的产品或服务。

对于与健身行业相关专业内行的顾客，私人教练不要与其在专业知识上争论，尽量改变话题，减少推销产品，可以强调服务方式的独特性。

（四）接受顾客咨询技巧

咨询是指私人教练根据顾客提出的有关健身原理，体质、体格与体型的异常原因，恢复和治疗方法等问题进行细致的解答和指导。咨询能力是专业水平、语言表达能力及与顾客沟通能力的综合体现，也是获得顾客满意度的关键一步。

1. 咨询的内容

（1）介绍所用产品、项目。

向顾客介绍健身服务过程所用产品、项目。首先介绍产品、项目的安全性，如通过国家检验、获得哪些名誉、以往顾客使用的反馈意见等；还要介绍产品的特性和适应性，让顾客明白私人教练为什么要给他选择这一套产品或项目。

（2）讲解项目的作用、原理。

用简练、通俗易懂的语言，讲解健身项目的作用和原理，使顾客了解健身项目是有科学依据的。如果只谈效果，不谈原理，顾客会感觉缺少依据不可信，甚至会觉得在夸大其词，只图赚钱。

（3）讲解项目的方法、步骤。

介绍健身项目的方法、步骤，使顾客清楚明白地消费。如果使用仪器设备，要将设备的原理及功能讲清楚，以赢得顾客的理解和信任，主动与私人教练配合。

（4）介绍项目的时间安排。

向顾客介绍服务项目的消费时间，每次间隔的时间以及每一次健身需要的时间等，让顾客事先做好准备。

（5）说明项目的效果。

要说明几个问题：第一，多长时间见效，如 1 个月以后，还是 3 个月以后等；第二，基本锻炼所需的时间，如需要 1 个月、3 个月、6 个月等；第三，能保持的时间，如果锻炼时有效，不锻炼无效，不能算是科学的健身方法。

拓展案例

顾客叶先生自我保护意识较强，非常关心健身效果的问题，希望弄清楚通过健身能够达到什么样的效果。私人教练小张根据叶先生的具体情况，非常客观地介绍了健身之后的效果，对于没有把握的内容，小张没有随便不负责任地介绍。当叶先生问道，是不是能够改善心理状态的时候，小张不太清楚，于是找到有经验的教练王某，让王某为叶先生进行解说。

2. 咨询的方法

(1) 要明白。

私人教练的专业理论知识较强，能够讲出很多道理，但是要注意顾客是否能听懂，思维能否跟上。顾客如果听不进去或没有反应，私人教练说得再多也没有用。

(2) 要婉转。

如果顾客产生认识上的错误，私人教练要给予否定时，不要直接否定，可以通过举例子、打比方等，把话题绕开，最好是让顾客自己认识到错误。

(3) 要有说服力。

私人教练要照顾顾客的情绪，但也不能完全按其意愿说话。对顾客有利的方案要尽量劝说顾客理解和接受，劝说时语言要肯定、眼神要自信。

(4) 要适度。

在肯定时，可以加上“基本上”等用语，要留有一定的余地，不要把顾客的期望值提到与实际效果不相符的高度，一旦不能完全落实，容易引起纠纷。

(5) 要个性化。

咨询过程中，私人教练要始终紧密结合顾客的情况，为其专门设计出“个人健身方案”或“个人运动处方”。

(五) 询问技巧

与顾客交谈时，私人教练应运用询问这一有效工具，了解顾客的需要。恰当的、有技巧的提问是私人教练应该学习和掌握的。

拓展案例

私人教练小汤向顾客李先生提问：“您需要健身吗?”这种提问属于最原始的、直截了当的提问，它没有起到引导顾客的作用，私人教练应尽量减少使用这类提问。

私人教练小刘询问顾客孙先生：“您需要普通饮料，还是蛋白质饮料?”顾客就会很随便回答出“普通的饮料吧”；但如果私人教练这样问顾客：“像您这样的体型，比较适合使用蛋白质饮料，为您拿一瓶好吗?”面对这样的提问，顾客往往会说：“好吧!”这样蛋白质饮料的销售量会因此增加很多。这个例子告诉我们，采用不同的询问技巧，取得的结果大不相同。

1. 状况询问

私人教练状况询问的主题当然要和所推销的服务有关，经由这样的询问，能准确了解顾客的事实状况及可能的心理状况。

拓展案例

私人教练杨某问两位顾客："您以前做健身锻炼吗？"

第一位顾客回答，"没有"。于是，杨某向其推荐了一些健身内容。

第二位顾客说，"做过，但效果不理想"。此时，杨某继续了这个话题："您能简单说说你想要的效果吗？"顾客说："我可能是在三流的健身房和四流的教练员的指导下做的健身运动，所以效果不好。"杨某简要地介绍了自己所在休闲体育中心的情况，他说："我们都是职业的私人教练，我们有信心、有实力、有把握为您带来更好的效果。"

2. 问题询问

问题询问是指私人教练得到顾客的状况回答后，为进一步探求顾客不满和抱怨等提出的问题。这样有助于私人教练逐步明确顾客不满意的地方，并有机会挖掘出其潜在需求。

拓展案例

接上述"拓展案例"第二位顾客的情况，如果杨某问："有哪些不如意的地方呢？"这就是一个问题询问。顾客可能回答："嗯……根本没有宣传得那么好。"

杨某进行状态询问："他们是怎么宣传的呢？"

顾客说："他们告诉我做了健身运动后，会像健身明星一样肌肉发达、体格健壮！"

杨某继续进行状态询问："那家休闲体育中心的规模怎样？"

顾客说："嗨，别提了，既简陋又脏乱！很难想象在这样的环境下能拥有具有专业水准的私人教练。"

3. "圈套"询问

圈套询问是为顾客设计一个"圈套"，让顾客逃不开这个圈套。这种方法不能滥用，需灵活应变、因人而异；稍不小心，就会引起顾客的反感。

拓展案例

试着对比下面两种问话，看看哪种更合适：

私人教练甲问顾客："您需要营养吗？"

私人教练乙问顾客："您用蛋白粉，还是肌酸？"

前者是一种比较常态的问法，后者则直接假定顾客需要营养，而询问顾客用何种营养补剂，实际上就是一个"圈套"；不管顾客选择蛋白粉还是肌酸，都会让顾客陷入接受营养服务的圈套。

拓展案例

案例一：会籍顾问的层层诱导技巧

刘先生是一位潜在的顾客，有消费的想法，但还没有发生真正的消费行为。会籍顾问小周知道情况后，说“欢迎您到我们休闲体育中心参观”，“请您随意试一试，不行的话，我来帮助您”等话语。

在刘先生参观或随意试一试的过程中，小周随着刘先生的心态和神情的变化，把中心的运作情况和管理模式介绍给对方，促发了刘先生的购买欲望和兴趣。

与此同时，小周还说了句得体的夸奖语，“您的体重基本上符合标准体重的要求，如能在科学指导下进行锻炼，达到理想体重，您的体型将更加完美、气度不凡”。

刘先生在得到赞美和鼓励之后，非常高兴，于是详细地询问了一下健身项目，并选定了其中一项。

案例二：会籍顾问和私人教练的倾听技巧

会籍顾问和私人教练不仅要懂得及重视倾听顾客的一言一语的重要性，用耳朵去接受信息，还必须要用心去理解（体现在耐心、虚心和会心上），做出应有的反应。

一位顾客走进休闲体育中心，对会籍顾问说，“小姐，今天上午我办了一张年卡，您在找钱时算错了 90 元钱……”；会籍顾问微带抱怨、冷冷地说，“那你当时为什么不向我声明，可惜现在为时太晚了”。顾客平静地说，“那好，那我就只好多收下这 90 元钱了”。显然会籍顾问倾听时很不虚心，不详细了解情况，就先入为主地下断语，结果有负顾客一片好心，给顾客留下很不好的印象。

一位顾客对私人教练说， “这个休闲体育中心的跑步机设备真多，很不错……”；顾客的话未说完，就给私人教练打断了，私人教练十分得意地说，“非常感谢您的称赞”。殊不知，顾客接着先前的话说，“就是多数跑步机都被损坏，不能使用了”。私人教练这时才感到十分难堪，懊悔自己的性子急，倾听时缺乏耐心，导致表错情了。

知识链接

一、会籍顾问方面

（一）会籍顾问的指导服务

会籍顾问关于休闲体育中心的管理与经营策略、硬件与软件、服务项目、服务宗旨、与锻炼相关的消费品及市场运作状况等方面的介绍，都可能引发顾客的消费欲。因此，在指导服务的过程中，需要注意以下几点。

1. 尊重顾客

会籍顾问向顾客介绍消费服务时，不是让顾客屈服，而是让顾客接受自己的观点。

因此，会籍顾问不要把交谈过程中出现的问题归咎于顾客，更不应该对顾客进行人身攻击，也就是说在说服的过程中要充分尊重顾客。

2. 充满自信

会籍顾问要充满自信，不必在顾客面前自觉矮人一等。否则在介绍服务时会缺乏信心、闪烁其词或吞吞吐吐等，甚至出现乞求式语言。这样不仅会使促销的服务价值贬值，也会影响中心和个人的形象。

3. 言之有礼

会籍顾问的语言要“以诚为本”，即真诚、诚信；“以谦为怀”，即为人谦逊、出言谨慎；“以和为重”，即求同存异，实现双赢。

4. 提高说服力

会籍顾问在洽谈过程中要学会借助拥有的各种资源，增强自己的说服力。具体有下面几方面的技巧。

（1）明确说服的目标——会籍顾问必须明确谈判过程中希望说服的目标，明确尚有哪些问题有待取得一致意见，必须明确与顾客就哪些问题达成一致，在哪些问题上即便不能取得一致也不会影响到消费等。

（2）找到双方的认同点——在与顾客的交往中，应该求同，然后随着谈话的深入，双方就会比较投机，越来越熟悉，甚至会感到比较亲近；这时，顾客某些心理上的疑虑和戒心会随之减轻，从而也就便于说服顾客。

（3）把握顾客的心理——顾客心理活动随着谈话内容的深入会发生相应的变化，会籍顾问应该把握机会，进行有效的服务。

5. 简明扼要

会籍顾问有时会被顾客中途打断或拒绝，这有两方面的原因：顾客认为介绍太烦琐或对介绍不感兴趣；可能被懂行的顾客看出谈话的问题。因此，会籍顾问给顾客介绍或表达观点和意见时，应当态度诚恳、观点明朗、语言流畅、层次紧凑等。

（二）会籍顾问接待顾客十忌

第一忌：站着接待时，仿佛居高临下，用眼神上下打量，评估顾客是否有消费能力，表现出市井气而减弱专业性。

第二忌：先发制人，不给顾客开口的机会，让顾客感到无话可说，什么都替顾客说完了却问：“我表现得怎么样？”

第三忌：逼顾客对自己的推荐表态，而顾客并不认同，结果只能迎合顾客。

第四忌：眼睛斜视顾客，表现傲慢，令顾客觉得不舒服。

第五忌，不听顾客的问题和诉说，一味自我推荐，反过来却埋怨顾客有问题。

第六忌：推荐产品时如获得顾客认同，或老顾客来接受服务，就省略产品和项目介绍，更为严重的是省略操作环节介绍。

第七忌：聊天时滔滔不绝，介绍产品和项目时却一语带过，不能让顾客产生信任。

第八忌：顾客提问时先反驳，再找理由，比如顾客认为服务质量太差了，可能说，“为什么你们自己都不清楚促销的规定呢？”然后会籍顾问回答：“我们今天才开始促销，还未来得及通知，您认为哪里差？”这样的表现是抵触而不是道歉。

第九忌：向还未落座的顾客推销。遇到顾客没什么反应时，再倒水或让座，试图挽回局面，但通常已经来不及。

第十忌：遇到顾客沉默就不知如何是好，一味推荐新优惠，反倒令顾客难以取舍。应把握顾客反应的时机，给顾客决定的时间，然后适当促成，不要害怕沉默。

二、私人教练方面

（一）与顾客的心灵交流

1. 心灵交流的原则

（1）真实。

意指私人教练与顾客之间坦诚相待，都尽情地表露瞬间的感情和态度。这样顾客会向私人教练敞开心灵的大门，愿和私人教练保持良好的关系，并向私人教练述说自己真实的思想和感受。

（2）接受。

意指私人教练与顾客之间无条件地喜欢或珍视对方表露出来的真情实意。私人教练不仅要尊重每个顾客，欣赏每个顾客的优点，还要善于对每个顾客的缺点、短处和错误采取宽容的态度。

（3）理解。

意指从他人的角度来理解他人。它要求私人教练从顾客的角度和立场去理解顾客的思想、情感以及对客观事物的态度。

2. 心灵交流的方式

（1）语言。

私人教练应该善于用语言与顾客进行心灵交流（特别是对新顾客），如请顾客回答问题时，应该用鼓励性、希望性的语言；顾客回答正确时，应该用肯定性、赞扬性的语言；顾客回答不对时，应该用谅解性、引导性的语言。

（2）动作。

一个人的思想感情往往有意无意地通过外部的表情动作流露出来。如赞许的点头、会心的微笑、赞美的手势、肯定的姿势等，都可表达私人教练对顾客的爱心和关心。

（3）眼神。

私人教练要关注每个顾客，应当与顾客保持眼神交流，让顾客始终能感受到“教练员在关注他”。请顾客回答问题或示范动作时，更应全神贯注地、亲切地注视他。

（二）接听顾客电话的技巧

电话是一种沟通交际方式，人们通过声音了解对方的意图、性格、情绪、表情、心境等，凭声音想象出对方的形象就是电话形象。私人教练在接听电话时，必须注意自己的“电话形象”。

电话形象是可以塑造的。私人教练可以用礼貌、热情、诚恳的话语塑造自己彬彬有礼、热情大方的电话形象。良好的电话形象可以体现一个人的文化素质、风度气质、业务能力、礼仪修养等；还能代表休闲体育中心的形象。在接听电话时要注意使用以下技巧。

1. 迅速接听

电话响两声就应当拿起，这是一种礼貌。但是如果有事拖延了，电话铃响了五声以上才接，先要礼貌地向对方说声“对不起”，表达让对方久等的歉意。

2. 主动报名

拿起电话时应先说“您好”，然后报清休闲体育中心名称。

3. 声音亲切

声音亲切自然，面带微笑，这样可以通过电话传递给对方一种温馨愉悦之感；还要注意声音的大小及语速快慢，使对方能够听得清楚。

4. 专心致志

要专心致志地听对方讲话，不可一边听电话一边与其他人交谈。

5. 交流沟通

电话接听过程，也是私人教练与顾客交流沟通的过程，此呼彼应、适当提问、回答明确，都有助于交流的顺利进行。

6. 认真记录

在手边准备好纸和笔，要随时记录，必要时重复对方的话，以检验是否理解正确。

7. 表达清晰

讲话要清晰、有条理，不要含含糊糊；语言表达尽量简洁明白；不要对着话筒发出咳嗽声或吐痰声。

8. 善始善终

接听电话时，要尽量避免打断对方的讲话；通话结束时，私人教练要等对方放下话筒后才能挂上电话。

第五章 休闲体育的营销

第一节 休闲体育营销概述

课前思考

1. 休闲体育营销的核心概念是什么？
2. 现代休闲体育遵循什么样的营销观念？
3. 怎样实施休闲体育的营销？

导入案例

福建美克休闲体育用品有限公司成为深圳第26届世界大学生夏季运动会大学生体育代表团运动装备合作伙伴，且签约成为了爱尔兰、斯洛文尼亚、肯尼亚三个国家大学生代表团官方高级赞助商及运动装备合作伙伴。大运会组委会相关负责人表示，成功签约美克为深圳大运会的官方高级合作伙伴，看重的是其时尚、绿色、健康的优秀产品品质和所传达的快乐运动品牌诉求，很好地表达出大运会的动感、和谐、激情、"不一样精彩"的内涵，此次的赞助有力地体现了其强大的品牌实力。美克品牌中心负责人表示，美克公司将一如既往地贯彻公司的品牌策略，借助世界大学生运动会这个平台，展现公司的竞争力，提升公司的品牌形象，为美克公司赢得良好的社会效益和经济效益。通过这个案例，我们是否对体育营销有了初步的认识？本节将具体介绍休闲体育营销的相关知识。

资料来源：http://www.people.com.cn/h/2011/0608/c25408-2557020768.html。

体育市场是当代人类社会和经济活动的重要组成部分，其营销活动受着时代变革的影响。在长期实践活动中，人们不断丰富和完善体育营销的理论，形成体育营销的科学体系，休闲体育营销就归属其中。体育营销学与营销学有不可分割的渊源，前者的基本理论是建立在后者的基础上的，并依据自身的特点、分类、研究内容等，建立起的一个营销学的新分支。

一、营销的核心

本章采纳美国西北大学教授菲利普·科特勒的观点，将营销表述为个人和集体通过创造并同别人交换产品和价值以获得其所需所欲之物的一种社会过程。营销涉及其出发点，即满足顾客需求；还涉及以何种产品来满足顾客需求，如何才能满足顾客需求，即通过交换方式，产品在何时、何处交换，谁实现产品与消费者的联结。

（一）需要、欲望和需求

1. 需要

需要是指有机体感到某种缺乏而力求获得满足的心理倾向。人因饥饿而需要食物，因干渴而需要水，因虚荣而想出人头地，这些需要不是营销活动所创造的，而是与生俱来存在于人本身的生理和社会之中的。

2. 欲望

欲望是指想得到基本需要的具体满足物的愿望。它是一种选择，人都会因为饥饿而需要食物，美国人可能喜欢吃汉堡，中国人却习惯于吃米饭。相对来说，人的需要是有限的，欲望却是无穷的。

3. 需求

需求是指对于有能力购买并且愿意购买某种具体产品的欲望。许多人想打高尔夫球，但只有具备支付能力的人才能消费。因此，企业不仅要了解人们需要什么，估计多少人对其产品产生了欲望，更重要的是还必须掌握实际上有多少人愿意并有能力购买。

因此，营销者不创造需要，需要早已存在于营销活动出现之前；营销者和社会上的其他因素，只影响了人们的欲望，并试图向人们指出何种特定产品可以满足其特定需要，通过使产品富有吸引力、适应消费者的支付能力，进而影响需求。

拓展案例

参加超级马拉松比赛，跑到双脚起血泡；严冬时节参加北欧两项滑雪运动；在内蒙古的大草原上骑山地车，直到屁股麻木……过去，在很多中国人看来，只有疯狂的老外才会干这些事情找乐。近年来，随着中国酷爱休闲的中产阶层不断扩大，参与这些运动项目的中国人正在迅速增加。很多公司正在竞相争夺更大的市场份额，而另外一些公司则发现这个趋势是推销产品的新途径。

某营销公司的体育赛事部主任崔女士说，去年，当 North Face 耐力赛的组织者开始接受中国首批大规模超级马拉松赛的参赛申请时，他们以为大多数选手会选择 6.2 英里的娱乐长跑，所以令人筋疲力尽的 62.14 英里比赛的选手名额只有 100 个。当 300 人前来报名参加比赛时，组织者感到非常意外。该公司还发现，它在中国组织的其他耐力运动项目比赛也在迅速引起人们的兴趣。崔女士说：“2006

年，只有5 000人参加这些比赛；但是到了2009年，参赛人数增加到了14 000人。”

一家国际体育营销公司的中国总裁克里斯·伦纳说：“随着中国新的中产阶层不断扩大，越来越多的人有时间和金钱参加娱乐活动了。如果对消费者进行研究，你就会惊奇地发现，他们都是高收入者。”

（二）产品

产品是指用来满足顾客需求和欲望的物体，包括有形与无形的产品。有形产品是为顾客提供服务的载体；无形产品或服务是通过其他载体提供服务的，如感到疲劳时，可以到音乐厅欣赏歌星唱歌（人），可以到公园去游玩（地），可以到室外散步（活动），可以参加俱乐部活动（组织），或者接受一种新的意识（观念）等。当然，服务也可以通过有形物体和其他载体来传递。营销者销售产品是为了满足顾客需求，不能只看到自己的产品质量好，看不见市场需要的变化。

（三）价值、满意和质量

价值是指顾客拥有和使用某产品所获得的价值与为取得该产品所付出的成本之差。满意是指顾客的满意程度，它取决于消费者所了解的一件产品的性能与期望值的比较。价值和满意程度与产品或服务的质量密切相关；质量是指与一种产品或服务满足顾客需要的能力有关的各种特色和特征的总和。这种以顾客为中心的质量定义说明质量以顾客需要为开始，以顾客满意为结束。

（四）交换、交易、关系营销和营销网络

一个人可以通过四种方式获得自己所需要的产品：自行生产、强制取得、乞讨和交换。营销活动产生于第四种获得产品的方式。交换是指通过提供某种东西作为回报，从别人那里取得所需物品的行为。

资料链接

对于休闲体育企业或中心来说，要想发生交换，必须具备五个条件：至少有两方；每一方都有被对方认为有价值的东西；每一方都能沟通信息和传送物品；每一方都可以自由接受或拒绝对方的产品；每一方都认为与另一方进行交换是适当的或称心如意的。此外，交换能否真正发生，取决于双方能否找到交换条件，即交换以后双方都比交换以前好。

交换应被看做是一个过程而不是一个事件。如果双方正在进行谈判，并趋于达成协议，这就意味着他们正在进行交换。一旦达成协议，我们就说其发生了交易行为。交易是交换活动的基本单元，是由双方之间的价值交换所构成的行为。

与交易有关的营销活动，即交易营销，这是另外一个大概念，即关系营销的一部分。关系营销可定义为：企业与其顾客、分销商、经销商、供应商等建立、保持并加强联系，通过互利交换及共同履行诺言，使有关各方实现各自的目的。保持并发展与顾客的长期关系是关系营销的重要内容，建立关系是指企业向顾客做出各种承诺；保持关系的前提是企业履行诺言；发展或加强关系是指企业履行从前的诺言后，向顾客做出一系列新的许诺。关系营销的最终结果将为企业带来一种独特的资产，即营销网络。

所谓营销网络，是指企业和与之建立起牢固的互相信赖的商业关系的其他企业构成的网络。在营销网络中，企业可以找到战略伙伴并与之联合，以获得更广、更有效的地理占有。借助该网络，企业可以在全球各地市场上同时推出新产品，并减少由于产品进入市场的时间滞后而被模仿者夺走市场的风险。

（五）市场

市场是指具有特定需要和欲望，愿意并能够通过交换来满足这种需要或欲望的全部潜在顾客，是某种商品所有实际和潜在的购买者的集合。市场的形成要有顾客、购买力、购买欲望三个要素，即：市场＝顾客＋购买力＋购欲望；现代市场的特点强调市场是买方需求的反映，只要有需求就有市场，即：市场＝人口＋需求。

拓展案例

北京市某家健身房，坐落在新小区当中，有 3 000 平方米的营业面积，有效会员达到 5 万人以上，如果每位会员每周来运动 2 次，那么每天的在店人数会超过 15 000 人，但是事实情况呢？每天只不过有 1 000 人左右到店练习。

（六）营销者

我们可以将营销理解为与市场有关的人类活动，即以满足人各种需要和欲望为目的，通过市场变潜在交换为现实交换的活动。在交换双方中，如一方比另一方更主动、更积极地寻求交换，则前者称为营销者，后者称为潜在顾客。营销者是指希望从别人那里取得资源并愿意以某种有价之物作为交换的人。营销者可以是卖主，也可以是买主。假如有几个人同时想买正在市场上出售的某种奇缺商品，每个准备购买的人都尽力使自己被卖主选中，这些购买者就是在进行营销活动。如果买卖双方都在积极寻求交换，我们就把双方都称为营销者，把这种情况称为相互营销。

资料链接

早在人类出现时，营销就出现了。在《圣经·旧约》的第一章，我们看到夏娃说服亚当偷食禁果，不过夏娃不是第一个营销人员，这个称号应该属于那条说服了夏娃把禁果推销给亚当的蛇。

二、营销的观念

企业经营观念是企业经营活动的指导思想，是企业如何看待顾客和社会利益，即如何处理企业、顾客和社会三者利益之间的比重。无论是西方国家企业或我国企业经营观念思想演变都经历了由“以生产为中心”转变为“以顾客为中心”，从“以产定销”转变为“以销定产”的过程。企业经营观念的演变过程，既反映了社会生产力及市场趋势的发展，也反映了企业对营销发展客观规律认识的深化。

（一）生产观念

其企业经营哲学不是从消费者需求出发，而是从企业生产出发，主要表现是“我生产什么，就卖什么”。生产观念认为，消费者喜欢那些可以随处买得到而且价格低廉的产品，企业应致力于提高生产效率和分销效率，扩大生产，降低成本，扩展市场。

拓展案例

美国某面粉公司，从1869年至20世纪20年代，一直运用生产观念指导企业的经营，当时公司提出的口号是“本公司旨在制造面粉”；美国汽车大王亨利·福特曾宣称：“不管顾客需要什么颜色的汽车，我只有一种黑色的。”显然，生产观念是一种重生产、轻营销的商业哲学。

（二）产品观念

产品观念认为，消费者最喜欢高质量、多功能和具有某种特色的产品，企业应致力于生产高值产品，并不断加以改进。这种观念产生于市场产品供不应求的“卖方市场”形势下。

企业发明一项新产品时，最容易滋生产品观念。

拓展案例

美国某钟表公司自创立到20世纪50年代，一直被公认为是美国最好的钟表制造商之一。该公司在营销管理中强调生产优质产品，并通过由著名珠宝商店、大百货公司等构成的营销网络分销产品。1958年之前，公司销售额呈上升趋势，但此后其销售额和市场占有率开始下降。究其原因：这一时期的许多消费者对名贵手表不感兴趣，而趋于购买那些经济、方便、新颖的手表；而且，许多制造商迎合消费者需要，已经开始生产低档产品，并通过廉价商店、超级市场等大众分销渠道积极推销，从而夺得了该钟表公司的大部分市场份额。该钟表公司没有注意到市场形势的变化，仍生产精美的传统样式手表，依旧借助传统渠道销售，并认为只要产品质量好，顾客必然会找上门。

（三）推销观念

推销观念（或称销售观念）产生于20世纪20年代末至20世纪50年代前，表现为“我卖什么，顾客就买什么”。这种观念认为，消费者通常表现出一种购买惰性或抗衡心理，如果听其自然的话，消费者一般不会足量购买某一企业的产品，因此，企业必须积极推销和大力促销，以刺激消费者大量购买本企业产品。推销观念的四个支柱是：工厂、产品导向、推销和盈利。

（四）营销观念

营销观念是以满足顾客需求为出发点的，即“顾客需要什么，就生产什么”。这种观念认为，实现企业各项目标的关键，在于正确确定目标市场的需要和欲望，并且比竞争者更有效地传送目标市场所期望的物品或服务，进而比竞争者更有效地满足目标市场的需要和欲望。营销观念的四个支柱是：市场中心、顾客导向、协调的营销和利润。

拓展案例

日本本田汽车公司要在美国推出一种雅阁牌新车。在设计新车前，他们派出工程技术人员专程到洛杉矶地区考察高速公路的情况，实地丈量路长、路宽，采集高速公路的柏油，拍摄进出口道路的设计。回到日本后，他们专门修了一条9英里长的高速公路，就连路标和告示牌都与美国公路上的一模一样。在设计行李箱时，设计人员意见有分歧，他们就到停车场看了一个下午，看人们如何放取行李。这样一来，意见马上统一了。结果本田公司的雅阁牌汽车一到美国就备受欢迎，被称为"全世界都能接受的好车"。

（五）社会营销观念

社会营销观念是对营销观念的修改和补充，因为营销观念回避了消费者需要、消费者利益和长期社会福利之间隐含着冲突的现实。社会营销观念认为，企业的任务是确定各个目标市场的需要、欲望和利益，并以保护或提高消费者和社会福利的方式，比竞争者更有效、更有力地向目标市场提供能够满足其需要、欲望和利益的物品或服务。社会营销观念要求营销者在制定政策时，要统筹兼顾三方面的利益，即企业利润、消费者需要的满足和社会利益。

你所熟悉的休闲体育中心的营销观念是什么？

◆ 查一查

三、营销的过程

体育市场的营销过程，是在研究体育企业的外部环境和消费者的基础上，综合分析和把握信息来源，根据目标消费者的需求及其变化趋势，针对现实的竞争者经营战略和潜在的竞争因素，做出的对体育产品开发和打入目标市场的管理过程。我们把体育营销机会的分析，研究和选择目标市场，设计营销方案，制定计划方案、实施、控制营销工作，来实现体育企业的目标和满足消费者需要的过程称为体育营销过程。

（一）分析营销机会

所谓市场机会，就是市场上存在的尚未满足的需求，或未能很好地满足的需求。市场机会很多，但并不是每个市场机会都对体育企业有利，都能被企业识别出来。

资料链接

发现、分析及评价市场机会，是营销管理人员的主要任务，也是营销管理过程的首要步骤。它所涉及的问题是：如何设计出消费者感兴趣的体育产品？这些产品应当通过什么渠道进行信息发布？体育行业在近期和未来的总体趋势是什么？体育项目如何吸引投资人和赞助商？通过什么方式说服和提醒消费者？如何更有效地吸引消费者参与和观赏体育运动？如何提升体育运动、体育项目等的社会价值和社会名望等？

一个成功的营销人员如何有效地寻求市场机会呢？一般有以下三种方法。

1. 市场细分

在现实中，人们会依据收入状况、身份地位、教育程度、职业、财富、年龄、价值观等不同，表现出对运动服饰、运动形式、运动环境、运动项目等的不同偏好与品位。休闲体育企业或中心可以通过细分市场的方法，建立和发展差异化的竞争优势，以使自己的产品在消费者心目中形成区别并优于竞争者产品的独特形象。

2. 探讨多种方式

一是通过使用“市场渗透”方式，影响人们对体育产品或品牌的选择。

资料链接

一种新运动服或运动器械在最初推向市场时，往往采取体育明星推荐方法来影响消费者、诱导消费者，扩大产品的知名度，逐渐使产品被消费者所认可。2009（第24届）中国国际体育用品博览会于4月23日在北京新国际展览中心盛装亮相，体博会现场参展的名企云集，高科技、新技术运动服饰产品令观众大开眼界；正在备战苏迪曼杯的中国羽毛球队和李宁公司正式签约，中国羽毛球队将以全新的李宁装备出战苏迪曼杯，这无疑是新款李宁羽毛球装备一次重要的媒体曝光和宣传机会。

二是可选择“市场开发”方式，到新的市场领域中销售现有产品。

拓展案例

从本质上说，体育市场是体育产品和服务进行交换和推广的市场。营销人员可以对运动品牌、运动理念、运动性表演和服务予以推广和销售，使之从精神和情绪上影响人们的生活方式，实现现代人的运动生理需求、安全需求、社会交往需求和个性化成就需求等，从而开发新市场。

三是可以选择“多角化经营”方式，在市场上经营多种多样的业务。

3. 搜集意见和建议

由于消费者的年龄、性别、职业文化程度、收入水平、民族和生活习惯等方面的不同，人们自然会有各种各样的休闲体育爱好和兴趣，对体育消费品的需求，也随社会的发展和消费者个人收入的提高不断发生变化，人们从实用角度转向对健和美的追求。

因此，体育企业的营销管理人员可以广泛地向企业内部各部门、企业外部的中间商、消费者、专业咨询机构、科研部门、政府机构和新闻媒体等了解和征询意见及建议，通过认真归纳分析后，从中识别出市场上尚未满足的需要和新的市场机会。

（二）研究和选择目标市场

通过分析体育市场机会，可以掌握总体生产需求。但是，就同一种体育商品而言，不同的人群中会有不同的市场需求特征，单一的产品是无法满足所有人的需求的。因此，体育营销人员还必须研究不同人群的需求特征，从中确定自己的销售目标人群，从而使自己的产品特征与某一目标市场人群的需求特征相适应。

把总体生产区分为若干不同需求特征人群的过程叫做市场细分，在所有细分市场中选定若干人群作为企业营销目标的做法叫做确定目标市场。

资料链接

体育市场划分过程是把整个体育市场分割为两个或两个以上的分市场，每个分市场都是由需要和欲望完全相同或基本一致的消费者组成的。北京一家健身俱乐部将消费者分成五组，即有减脂需求的健身消费者，有强身壮体需求的健身消费者，有结交朋友需求的健身消费者，有休闲娱乐需求的健身消费者，有商务需求的健身消费者。

（三）营销组合

体育营销组合是指经营体育产品和组织体育赛事的企业针对选定的目标市场，综合运用各种可能的营销策略，组成一个系统化的整体策略，以达到体育企业的经营目标，并取得最佳的经济效益。

在营销组合中有四个基本策略，即产品策略、渠道策略、促销策略、价格策略，也就是通常所说的4PS策略。四种营销策略之间的相互关系可以概括为相互依存，处于同等地位。虽然它们独立来说每一策略都是重要的，但真正重要的意义在它们组合起来的独特方式，这使每一个体育企业的营销战略和战术具有独特性。

体育市场特别是体育无形产品市场具有偶然性、突发性、多变性的行业特点，体育活动和比赛带有很大的不确定性，造成体育营销机会的不确定性。因此，体育企业的营销组合必须根据自身产品特点，对基本营销策略进行适当整合。

（四）体育营销计划、组织与实施

营销活动的计划、组织与实施和控制，是从营销管理的角度探讨营销活动。在体育营销活动中，企业面临的往往不止一个可选择和实现的目标，即使面对选择的目标，也有多种方法、多种途径可以实现，因此休闲体育企业必须根据自己的实际情况和所处的市场环境，选择对企业有利的目标，以及实现目标的最有效途径和方法，这便是营销计划所要解决的问题。在策划好营销方案之后，应该具体地组织实施，并对实施过程进行有效的控制，从而最终实现目标。

资料链接

对于营销人员来说，所有的工作努力都是希望营销活动能够圆满成功。怎样理解“成功”一词呢？作为职业高中休闲体育服务和管理的学生来说，首先要了解营销的核心概念、营销观念和过程；其次要清楚营销的步骤和技巧，这也就是本章将要阐述的主要内容。成功的营销活动是一个系统工程，它要求从营销策划开始，到产品设计和生产、人员调配、广告宣传、物流配送，再到效果评估等一系列环节相互协调。经验丰富的营销人员总结成功营销的思路：营销就是锁住消费者的心；一流的营销策略首先要对市场环境有正确、深入的了解；营销的价值是让消费者只关注价值，忘记价格（如提供优质的产品，良好的服务，特别是售后服务；体验到产品与服务的价值等）；充分了解消费者的行为和心理变化；使顾客价值成为营销的起点和终点；体现品牌个性化的核心价值等。

对于休闲体育营销，你是这样认为的吗？是否还有其他值得注意的事项？

知识链接

一、营销原则

（一）需求创造原则

该原则认为，需求并非固定或有一定限度，可以通过企业的努力去扩大。

（二）目标诉求原则

要求产品、价格、渠道、促销等都必须与目标市场相适应，以目标市场的需求为其产品的诉求点，以目标人群为其诉求对象，制定目标人群能接受的价格，开拓最能接近目标人群的渠道，采用目标人群普遍欢迎的促销方式和广告媒体。

（三）非价格竞争原则

产品和消费者需求都存在差异性，且不同的产品有不同的价格需求关系。因此，运用价格以外的竞争手段，如产品的品种、质量、性能、品牌、款式、特色、包装、保证、服务、形象、各种促销活动等来唤起顾客的购买欲望，使其购买产品，从而达到战胜对手的目的。

（四）流通网络化原则

必须建立起制造商、流通业者和消费者间的有机网络，构筑起完备的流通系统，运用通信技术和信息技术积极有效地开展与市场的沟通活动。

（五）企业主体性原则

企业生产出来的产品和服务不会像流水一样地流通，于是便要求企业有意图、有计划地开展营销活动。

（六）科学认识市场原则

正确地掌握现场、现实和现物的实际情况。

（七）全面营销原则

企业需要建立起一种全面营销体制，现代营销具备一种统括职能，即由原来与生产、财务、人事、研发等职能平行转变为将其统括起来及时有效应对变化的环境。

（八）推拉结合原则

包括推进策略和拉引策略。

（九）社会责任原则

营销活动要被社会所接受，承担社会责任。

（十）创新原则

营销要运用动态的观点不断创新，包括：开拓新市场，创造新需求，发现新的营销机会；开发新产品；确定新价格；改革流通渠道，导入新的渠道模式；开发新的促销方式或在现有方式上增加新的内涵。

二、营销环境

（一）宏观环境因素

宏观环境因素，指企业运行的外部大环境，它对于企业来说，既不可控制，又不可影响，而它对营销的成功与否起着十分重要的作用。

（1）人文环境——人口因素：人口数量与市场构成的关系，人口城市化与市场的关系，世界人口年龄结构变化与市场的关系；人口的地理迁移因素：客流的移动特点和规律与地理环境的关系，购买动机与地理环境的关系；社会因素：家庭，社会地位阶层等。

（2）经济环境——国民生产总值；个人收入；外贸收支情况等。

（3）自然环境——自然资源的短缺和保护；环境恶化；疾病等。

（4）技术环境——技术对企业竞争和消费者的影响。

（5）政治、法律环境——政治格局的稳定和国家法律环境都直接影响营销。

（6）社会、文化环境——教育水平，宗教信仰，传统习惯等。

（二）微观环境因素

微观环境因素，指存在于企业周围并密切影响其营销活动的各种因素和条件。

（1）供应者——保证资源，控制成本等。

（2）购买者——私人购买者：人多面广，需求差异大，多属小型购买，购买频率较高，多属非专家购买，购买流动性较大；集团购买者：集团购买者数量较小，但购买者的规模较大，属于派生需求，且购买需求弹性较小。

（3）中间商——其购买产品和服务主要是为了专卖，以取得利润，由专家购买，购买次数较少，单批量大。

（4）竞争者——竞争者及其数量和规模；消费者需求量与竞争供应量的关系等。

（5）公众——政府公众，市民行动公众，地方公众，企业内部公众，一般群众等。

（6）企业内部各部门协作——决策，指挥，开发，执行与反馈，监督等。

第二节　休闲体育营销技巧

课前思考

1. 怎样实施营销调研？
2. 如何描述消费者？
3. 怎样进行报价？

4. 如何处理消费者的担忧？

导入案例

实现优质服务的一个重要原因就在于服务人员采用一套有效的方法并且将其逐步实施。比如说在饭店，你点菜之前，服务人员会及时呈上一本菜谱，然后他会迅速地将你的点菜单送到厨房，之后他们会尽快将菜肴送到餐桌上，这样你就吃到温热可口的饭菜了。当然，当你吃完后他们会立即清洁餐具和餐桌。服务人员在从事服务工作时需要一些服务技巧，他们托起较大的盘子时要掌握平衡技巧，他们在与顾客打交道时需要具备沟通技巧；他们必须有好的记忆力，确保每一位顾客都按顺序受到良好的接待。同样，休闲健身企业或中心的营销人员也需要有规范的销售步骤（如营销调研、描述顾客、报价和处理担忧），同时需要一些销售技巧，他们必须学会在销售活动中如何应用这些技巧让每位顾客满意。

休闲健身企业或中心的营销人员应很好地理解营销活动中的每一个步骤，以及其中的营销技巧。销售技巧的应用意味着从业人员必须提高自身的素质和发挥自身的优势。销售步骤和销售技巧只是从业人员成功的两个工具。有效地利用这些工具的途径就是将其融入从业人员的个性中并且向顾客展示。

一、营销调研技巧

营销调研是指对与营销决策相关的数据进行计划、收集和分析并将分析结果向管理者沟通的过程。通过营销调研可以掌握有关消费者、公众、竞争者以及其他环境因素的各种有用信息。

（一）营销调研的重要性

营销调研具有三种功能：

（1）描述功能，是指收集并陈述事实，例如，某个行业的历史销售趋势是什么样的？消费者对某产品及其广告的态度如何？

（2）诊断功能，是指解释信息或活动，例如，改变包装对销售会产生什么影响？

（3）预测功能，例如，企业如何利用持续变化的市场中出现的机会？

由于具有上述的功能，营销调研对经营的重要意义就在于：实现对质量和顾客满意的不懈追求；有利于留住现有顾客；有利于管理人员了解持续变化的市场。

（二）营销调研的类型

按调研目的不同，营销调研可分为以下三种：

（1）探索性调研——当管理者感觉到营销中存在问题，但对问题的性质或范围不甚明确时委托营销人员进行的调研，通常属于探索性调研。

（2）描述性调研——这是一种对客观情况进行如实描述的调查研究，回答诸如消费者要买什么、什么时间买、在哪儿买、怎样买之类的问题。

（3）因果性调研——这是调查一个变量是否引起或决定另一个变量的研究过程，

其目的是识别变量之间的因果关系，也就是回答一些有关“为什么”的问题。

（三）营销调研的程序

1. 确定问题及调研目标

为了有针对性地进行市场调研，避免盲目行动造成的人力、财力、物力浪费，必须首先找出需要解决的问题及其关键所在，确定问题及调研目标。

探索性调研的目标是收集初步信息以便提出问题和假设；描述性调研的目标是对诸如某一产品的市场潜力或购买某产品的消费者的人口与态度等问题进行详细表述；因果性调研的目标是检验假设的因果关系。

营销者通常以探索性调研为开端，然后做描述性调研或因果性调研。调研问题与目标的表述指导整个调研过程，营销人员应将这一表述做成书面材料。

2. 制定调研计划

接着要求制定一个收集所需信息的最有效的计划，来有效地开展收集所需信息的活动。在批准调研计划之前，企业需要估计该调研计划的成本，如果成本大于因调研所带来的预计收益，那么就应拒绝。调研计划应该简述现存信息的来源、调研方法、接触方式、抽样计划和调研工具等。

（1）资料来源。

为满足营销人员的信息需求，调研人员可以收集第二手资料、第一手资料或者两者都要。第二手资料就是在某处已经存在并已经为某种目的而收集起来的信息，而第一手资料则是为当前的某种特定目的而收集的原始资料。调研人员通常从收集第二手资料开始他们的调查工作，并据此判断他们的问题是否已经局部或全部解决，以免再花代价去收集第一手资料。调查者必须仔细判断第二手信息的价值以确保其相关（适合调研计划的需要）、准确（可靠地收集与报告）、及时（为最新的资料以便做出当前的决策）及公正（客观地收集与报告）。

（2）调研方法。

1）观察法。

观察法是通过记录被调查者当前行为的类型和过程、现状、追求的目标等方面来收集原始资料的调研方法。观察法不要求被调查者配合交流，也不要回答问题，有时被调查者并没意识到在被观察。调查者可以通过观察许多行为与对象来获取有关的营销信息；观察法具有写实的特点，可以不受干扰地反映真实情况，不易受主观思想、地位、金钱及偏见等影响；观察法可用于获取人们不愿或不能提供的信息。

2）询问法。

询问法是收集描述性信息的最佳方式。企业如果想了解人们的知识、态度、偏好或购买行为，往往可以通过直接询问个人来获得答案。询问法是收集原始资料中使用最广泛的一种方式，而且常常是一项调查研究的唯一方式。

3）实验法。

实验法是指在一个特定的环境中，通过改变某一种营销变量的强度来观察其他选定变量的对应变化程度的方法。如果说观察法适合于探索性调研而询问法适合于描述性调研的话，那么实验法最适合于因果性调研。

（3）调研工具。

1）调查表。

调查表由向被调查者提问并征求回答的一组问题所组成。它是收集第一手资料的最普遍的工具。良好的调查表应具备三项条件：第一，能达到市场调研的目的。即将调研目的以询问的方式具体化、重点化地列举在调查表上。第二，促使被调查者愿意合作，提供正确情报，协助达成调研目的。第三，正确表达调查者与被调查者的相互关系。因此，应该注意：避开隐私性问题，避免使用模糊词语，不要过分精确，不要出现组合问题，不要用带倾向性的问题，不要咬文嚼字，不要过于专业化，要便于调查者统计整理，要切合被调查者的特点等。

拓展案例

年轻的休闲体育营销人员沈某咨询较有经验的营销人员赵某："一份合格的调查表应该包括几个部分？"赵某详细地问答说："主要有四个部分：（1）开场白：问候调查对象，表述主持调查机构及调查员的身份，说明调研目的，并提示回答问题的方法，确定被调查对象是否理解，必要时重复说明，并交代访问结果将如何处理。如果当时不方便进行调查，可预约适当的调查时间。（2）示范答复的例子：由调查员示范一个与调查主题无关的中性例子，将有助于双方沟通。（3）调查主题内容。（4）被调查者的个人资料：通常有电话号码、年龄、性别、受教育程度等，依调查目的而定。"

2）仪器。

仪器在营销调研中使用得较少。例如：电流计可用于测量被调查者在看到一个广告或图像后所表现出的兴趣或感情的强度；眼球照相机是用于研究被调查者眼睛活动情况的，它观察被调查者目光最先落在什么地方，在每一指定的项目中逗留多长时间等。随着科技的迅速发展，诸如皮肤传感器、脑电波扫描仪等都被用于获取顾客的反应。

（4）抽样方案。

调研人员在决定了调研方法与工具后，必须设计一个抽样方案，它包括以下三个方面：

1）抽样单位。

向什么人调查？调研人员必须决定抽样的目标总体。

2）样本规模。

调查多少人？大规模样本比小规模样本的结果更可靠。

3）抽样程序。

如何选择被调查者？抽样程序可分为概率抽样和非概率抽样。

（5）接触方法。

1）邮寄调查表。

邮寄调查表是在被调查者不愿面访或调查者会曲解其回答时可以采用的最好方法。但是，邮寄的调查表需要简单清楚，其回收率低，回收速度也慢。

2）电话访问。

电话访问是快速收集信息的最好方法，这种访问还能够在被调查者不明确问题时予以解释。但只能访问有电话的人，访问的时间必须比较短且不能过多地涉及个人问题。

3）面访。

面访是最通用的方法，调查人员能够提出较多的问题和利用个人观察来补充访问的不足。面访是成本最高的方法，也容易受到调查人员的影响而产生偏见或曲解。面访有两种形式，即约定访问和拦截访问。约定访问的调查对象是随机挑选的，通过付少量的酬金对被访者花费时间接受访问表示感谢；拦截访问是在商店或闹市街头拦住行人要求访问。

4）互联网访问。

企业可以把调查问题放到自己的网页上，同时给回答问题者一定奖励；或者在人们经常浏览的网页上设置横栏广告，并实行有奖回答；企业也可以创立一个聊天室或BBS，引入一些问题；还可以进行虚拟集中小组座谈。通过跟踪个人怎样在网站间移动浏览，企业可以了解浏览网站的顾客的信息。

3. 实施调研计划

这一步骤是按照预定计划和所设计的调查方案，具体实施收集信息的各项工作和细节。这一阶段的实际工作量最大，支出费用最高，且最容易出错。主要包括根据调研任务和规模要求建立调查组织或聘请专业调查公司，训练调查人员，准备调查工具，实地开展调查。

4. 分析调研资料

营销调研的重要目的，是从所收集的信息或数据中提炼出有用的结果。这就要求把收集来的信息进行整理、分析。工作主要包括：检查资料是否齐全；对资料进行编辑加工，去粗取精，找出误差，剔除前后矛盾处；对资料进行分类、制图、列表，以便于归档、查找、使用；运用统计模型和其他数学模型对数据进行处理，以充分发掘从现有数据中可推出的结果，在看似无关的信息之间建立内在联系。

5. 提出调研分析报告

调研的目的显然不是让大量的统计数字、表格和数学公式搅乱决策者的头脑，而要对决策者关心的问题提出结论性的建议。正规的营销调研必须就它所研究的结论提出正式的报告。报告力求简洁、准确、完整、客观。报告提出后，调研人员的工作并未结束，他们还须跟踪了解该报告的建议是否被采纳，如果没有采纳，了解是因为什么原因；如果采纳了，了解实际效果如何，是否需要补充和修正。

拓展案例

休闲体育营销人员宋某向领导汇报调研结果，他的报告包括如下几项内容：

（1）引言，说明调研的目的、对象、范围、方法、时间、地点等；

（2）摘要，简明概括整个研究的结论和建议（这也许是决策者有时间读的唯一部分）；

(3) 正文，详细说明调查目标、调查过程、结论和建议；

(4) 附件，包括样本分配、数据图表、问卷附件、访问记录、参考资料等。

领导对其报告非常满意，因为他的营销调研结果使管理决策减少不确定因素。

二、描述顾客

顾客描述是对顾客的有关信息进行收集与判断的过程。要想实现描述顾客，需要通过提问的方式收集一般信息、健康状况和健身目的等。

(一) 一般信息

营销人员一般从提问基本问题开始，这些问题将揭示顾客的背景资料。通过提问，了解顾客在生活方式等方面的情况。这类问题比起其他问题来说趋于大众化，不会令顾客过于激动。以这些问题作为开始，将使顾客感觉到自在，同时也有助于谈话更快深入下去。

(二) 健康状况

顾客描述的中心以考察顾客的健康史为主要目的。这部分问题将有助于明确顾客的饮食习惯和健康状况，同时也有助于了解顾客对健康和锻炼的重视程度，以及以往练习效果不佳的原因。

(三) 健身目的

每一名顾客都因为一个不同于他人的原因而来到休闲健身中心。这就是为什么休闲健身企业必须了解顾客的健身背景和想要达到的健身目标。应注意顾客的健身目标和他们的特别需求。通过对顾客的询问发现顾客对练习项目的期望值及原因，发现顾客的欲望。

(四) 顾客的目标和动机

任何一个想要说服顾客马上开始实施休闲健身计划的营销人员都会提出两个问题："顾客的目标是什么?""是什么原因促使他或她今天为了实现自己的目标而来到我们的健身中心?"

当你对顾客的具体目标、动机了如指掌时，你就为一次成功的营销打好了坚实的基础。

1. 目标

第一步就是必须告诉顾客健康能够帮助他们实现自己的目标。顾客会用不同的方式告诉你他们的目标是："我需要减肥。""我想使自己看起来更苗条。"

但是，当别人告诉你他们的目标，并不意味着他们真的会采取某种措施。促使人们立即采取行动来解决问题或满足个人需求的根本原因是一个人的情绪。当这些问题给他们带来越来越多的苦恼或者这种个人需求变得越来越迫切的时候，情绪上的波动会使他们愿意采取某种措施来改变这种状况。

拓展案例

一个希望减肥10千克的女性，今天来到某休闲健身中心，因为她正计划着和丈夫一起去海边度过一个非常浪漫的假期。减肥会使她躺在沙滩上晒光浴时显得更有魅力。外在情感上的原因导致她减肥，因此她会很乐意较快采取减肥措施。

2. 动机

营销人员有必要找出顾客期望实现自己的目标的根本原因，我们把这种原因称为动机。人们休闲健身的一些动机是：成功、金钱、地位、赢得他人的喜爱、美丽的外表、健康、自尊等。

拓展案例

仔细倾听顾客的言谈，明确他们的目标和动机以及这两者之间的差别。同时关注顾客的目标和动机背后的情感原因。

案例一

目标："医生说我必须使我的血压降下来。"

目标和动机："现在我不得不采取一些健身措施了，因为我不想像我的一朋友那样因健康死掉，他刚因心脏病而去世。"

案例二

目标："我想要自己更漂亮一些。"

目标和动机："我想要自己看起来漂亮一些，这样一来，与朋友们在一起时会显得魅力十足，我会成为他们注意的焦点。"

拓展案例

营销人员："我已经注意到您是希望通过健身运动达到减肥的效果，您的具体标准是什么？"消费者："大约减10至15千克。"

营销人员："您最理想的体重是多少？"消费者："我希望自己的体重是……"

营销人员："您的体重超过110千克以后，有多长时间了？"消费者："大约5年了。那时我还在念大学。"

营销人员："那时采取了哪些方式来保持自己的体重？"消费者："我做了大量的肌肉运动。在大学里我是足球队和垒球队的一员。不幸的是，当我开始这份新的工作以后我就从来没有参加过锻炼。现在，我整天都得坐在办公室里。"

营销人员："是什么原因使您决定减肥的呢？"消费者："噢，在我参加四年一度的同学聚会之前，我希望自己能减肥成功。"

这样，消费者会很乐意讲述他的目标，有经验的营销人员会继续深入了解他的动机。

三、报价技巧

（一）扼要陈述

扼要陈述的阶段应一对一，最好在接待室。陈述时，需要使客户的注意力高度集中，这样才能帮助他们想象。为鼓励客户认同某种训练项目，扼要陈述是强有力的一步。

休闲健身企业宣传册是一个工具，内容包括：有关企业的信息；休闲健身中心的地址；个人培训项目信息；营养信息和研究；关于描述健身过程效果的几个阶段；新成员拓展训练信息等。

在介绍健身中心时，必须把中心的各个项目的特点和利益与客户的目标和动机联系在一起，将能引起客户兴趣的内容说得详细些，作为陈述的重点。

此时可以讲述健身过程效果，它一般分为五个阶段，

（1）初始阶段——在开始的几个星期内，新顾客将学习适当的运动技能，并得到最好的结果；对锻炼项目感到舒心；改善学习态度；为新生活周期开始而兴奋等。

（2）成效阶段——一两个月以后开始进行“标准化”锻炼，大多数顾客能够达到特定的目标，如协调性增强，肌肉形状改变，围度增加；适应了常规的测试，同时安排不同的更具挑战性的活动使测试多样化；看到成效并对自我感觉更好等。

（3）维持阶段——他们每周至少安排两到三次的时间进行锻炼，使他们继续保持理想的身体条件；增加测试的多样化，更新他们锻炼的项目；测试并进行有规律的锻炼，使之成为健康生活方式的一部分等。

（4）创造愿景阶段——为吸引客户并诱发客户的相像力，要创造出一个愿景并植根于客户的头脑中，即一个当他们完成目标后将感觉到的愿景。

（5）得到承诺阶段——在结束和报价开始之前，还需要问一个试探性的封闭问题，来确定是否准备成为会员。例如，中心拥有您所需要的一切来帮你达到想要的效果，那么您能告诉我什么时候可以开始健身练习吗？

这样做的目的是帮助客户想象自己在塑身后的形象，让他们想象每一阶段的感受，从而知道如何更加健康。

资料链接

体育锻炼是需要核算成本的，应同时理解进入成本和退出成本。

体育锻炼的进入成本一般包括：

（1）物质成本。即用于购买体育器材的投入。

（2）时间的机会成本。为什么要考虑锻炼时间的机会成本呢？因为，如果人们不花时间去锻炼，便可以利用这段时间去工作，或者从事其他活动。因而，时间观念不同、时间价值不同的人，对体育锻炼时间的投入可能有不同的认识。美国经济学家加里·S·贝克尔说：“一个人也许宁愿做烟鬼或埋头工作也要放弃身体，这倒不是因为他忽视这样做的后果，或不懂得身体健康的价值，而是因为对他来说，吸烟或埋头工作比身体的锻炼或健康更有价值；如果长寿成为一种唯一目标，那么吸

烟或埋头工作就不是明智之举。但是，只要其他目标存在，这样做便是可以接受的，甚至不失为明智的抉择。”

(3) 门票或会员费。个人在家庭住所以外的公园、健身场（馆）等地锻炼身体需要交纳门票或会员费。

(4) 其他，如交通费等。

2001 年中国群众体育现状调查结果显示：时间与场地设施的问题依然是影响人们参与体育活动的主要问题。就是说，时间与场地设施投入成本大，是影响大众体育锻炼的重要因素。实际上，如果锻炼场地远且少，那就意味着锻炼要花费更多的锻炼时间、等待时间和往返时间。

体育锻炼的退出成本是很高的。这是由人的适应性规律所决定的。适应性规律认为，人产生的运动适应，如果不保持持续的适宜运动刺激，就会消失。从经济的角度看，日常有适度体育锻炼的人，如果停止有规律的体育锻炼，相应的健康促进效应会逐渐消失。日常坚持体育锻炼的人在长期内退出体育锻炼，他所放弃的不仅是体育锻炼带来的健康改善，还有健康改善所带来的经济效应。用经济学的语言表述就是投资体育锻炼的回报低甚至是零回报。因此，体育锻炼越持久，退出成本就越高。

由此，应该说，算好了账再锻炼。

资料来源：中国体育报，2006-08-16。

（二）报价环境

报价是营销的关键环节之一。报价不是随便讲个“价钱”，而需要有良好的环境，充分的准备。下面是有效报价程序的建议：保持办公室的整洁；确认办公室里备有笔、纸和宣传册；办公室里应提供营养方面的信息，新成员资料的文件夹，健身产品的计划表，规则和制度等。

（三）报价步骤

1. 介绍产品

首先进行区分，特别关注消费者的需求和体征，对可能成为会员的消费者，介绍会员资格及提供的服务产品。

2. 选择付款

表述付款条件的时候要做到清晰明确，否则，顾客无法选择付款方式。为使你的顾客清楚你的报价，你要口头表述报价单上的下列信息：预付定金、每月付款额、年付款等。

3. 结束报价

在报价完成后，提出一个封闭性的问题，例如：您更喜欢哪一种选择，选项 A 还是选项 B？提问题时声音应该清晰有力，充满信心；提出问题后，暂停并等待回答。如果客户要花点时间考虑，不要感到不安。

（四）报价结束后

当问客户他们更喜欢哪一种选择时，有四种典型的回答。

1. 选择

客户一做出选择，应该马上肯定他的决策并欢迎他加入，下一步是售后服务。

2. 沉默

有时客户不会马上回答，在客户完成思考之前，不要打扰他。

3. 提问

在提出问题以后，客户可能经常会问一些问题。如："你什么时候还有时间?""我想预订一个场地，要提前几天?"可以直接回答，也可以提出另一个问题澄清客户的问题。

4. 担忧

担忧是客户对开始锻炼而产生的犹豫情绪。

四、处理消费者担忧技巧

客户在完成购买行为以前，经常会因为这样或那样的原因而表现出担忧。因此，处理客户的担忧是任何销售过程的常规组成部分。如果能在报价结束前，处理客户的担忧当然很好。但是，还要学会如何处理在报价结束后的担忧。

当结束报价后，客户会有四种类型的反应，担忧是最普遍的。客户有时候会表达一种明确的担忧，有时候则会含糊其辞。明确的担忧一般这样表达："我想考虑一下，因为我不知道自己能否坚持一个锻炼项目。"当客户觉得，告诉他担忧什么，是一件不舒服的事情时，就会含糊其辞。当听到含糊回答时，应弄明白客户担忧的原因，并采用有效的方法处理。

(一) 含糊其辞

客户会含糊其辞有几个原因：客户在第一次被要求采取行动时，曾经考虑要拒绝；没有时间考虑决定；也有客户不喜欢向营销人员说明他们真实的担忧等。另外，还需要考虑担忧的内容。

1. 时间

一个客户担忧是否有时间锻炼，可能会说："我没有时间。"

2. 配偶

客户经常想和他们的丈夫、妻子或其他人讨论如何决定。一个想和其他人讨论后再做出决定的客户，也许会说："我需要和我的男朋友/女朋友商量一下。"

3. 承诺

客户通过各种方式传达对做出决定的担忧："我想先试一试，看看我是否要继续坚持锻炼。"

4. 金钱

如果客户对金钱没有准备，对钱的担忧就会出现，客户会说："你们有没有便宜一点的?"

(二) 处理担忧的方法

1. 完整地倾听

全神贯注地倾听客户的整个担忧，判定他们的表述是属于含糊的表述还是明确的担忧。客户经常表达不止一种的担忧，最后一个表达的担忧往往是最重要的一个。如果因为匆忙回答而干扰了他们，就不能发现客户真正的担忧。

2. 表示理解

倾听完后，先要表示理解。一种表示完全理解的表述，是对客户讲述情况和感觉的一种复述。

拓展案例

客户："我喜欢锻炼，但我觉得我很难有时间。我的时间安排已经超负荷了。"

营销人员："超负荷的时间安排可能是不恰当的，尤其是你想抽出时间做一些与锻炼一样重要的事情。"

3. 提出问题，阐明顾客的担忧

(1) 孤立顾客的担忧。

使用封闭性问题得到肯定或否定的回答，使顾客的担忧孤立起来。例如："您说的是，阻止您开始一个锻炼项目的仅仅是资金问题，对吗?"

(2) 阐明担忧。

在阐明担忧时，给顾客一个选择，判定他们真正的担忧，可以使用封闭性问题让顾客做选择。

4. 提供信息

在提供信息时，有两种方式可以选择：一是回到简介阶段，二是提供新的信息。

(1) 回到简介阶段。

回到简介阶段，提供与顾客的目标、强烈欲望相关的信息。

(2) 提供新的信息。

顾客可能需要进一步知道当他们成为中心会员后会有哪些服务项目；顾客还可能会担心到中心锻炼的时间与他们的时间表发生冲突等。对于这些情况，必须提供新的信息来消除顾客的顾虑。

5. 结束话题

在对顾客的疑虑做出答复之后，必须结束这个话题。可能需要使用一种试探性的结束语来了解顾客对你的观点的态度。例如，"每周进行两至三次，每次 60 分钟的锻炼，您就可以保持一周精力充沛，是不是很不错?"如果顾客的回答是"是"，便可以结束当前的话题。在销售过程中，要习惯不止一次使用试探性结束语。当试图结束谈话后，不要再讨论其他任何问题。

拓展案例

营销人员："您更喜欢 A 项选择，还是 B 项选择呢?"顾客："我想仔细考虑一下这个问题。"

营销人员："这的确很重要，而且我也相信您一定能够做出正确的决定。在您做出决定的时候，您是否在考虑有关适合的健身项目以及与此相关的时间和投资方面的问题呢?”顾客：“的确，我非常希望能使自己有一个苗条的身材，但是现在我无法支付费用。”

营销人员：“我完全能理解这一点。因为经济问题对每个人来说都很重要。这是让您为难的唯一原因吗?”顾客：“是的，是这样。”

营销人员：“那么，让我们一起来看看这笔投资的效果吧。您的目标之一是减肥。因为我们曾经就此讨论过，您希望大学朋友来访时看起来更有魅力一些。如果健身效果就如您读大学的时候那样，您觉得满意吗?”顾客：“非常满意。”

营销人员：“如此说来这是一项小的投资。按您的条件，是可以承受的。现在我们要做的事情就是约定时间进行一次尝试性健身运动。星期二怎么样？要么星期四或星期五？您觉得哪天更方便?”顾客：“听起来真是个好主意。但是我还得考虑一下这能否控制在我的支出预算内。”

营销人员：“我完全能够理解您这样做的原因。对您来说，是初期的费用还是每月的费用成为您最大的问题呢?”顾客：“实际上，两种都有。”

营销人员：“我们算了一下，每个月的支出折合每天 20 元，可以说是物有所值。因为除了能帮您减肥之外，健身运动对您还有更多的好处。它能缓解的工作压力，为您增强体力，并且使您从运动中获得自信。”顾客：“的确如此。”

营销人员：“每天只花 20 元就能让自己保持迷人体态是多划算的呀。我想健身计划 B 可能更适合您。初期预付费可以采用现金、支票或者信用卡的方式来支付。您更喜欢哪种方式呢?”顾客：“信用卡。”

营销人员：“欢迎您成为我们中心的一员。”

第三节　休闲体育营销实例

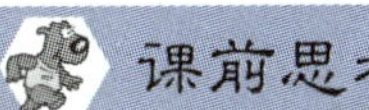

课前思考

1. 怎样的营销人员才是合格的？
2. 体验式营销有什么优势？
3. 如何进行售后服务？

导入案例

营销人员是休闲健身中心与顾客的“纽带”，他们有如下基本任务：(1) 确认消费者的目标。人们之所以到休闲健身中心来，是因为他们希望改善健康状况和使自己更美丽，因此必须帮助他们看到这个目标，理解这个目标。(2) 有效销售。休闲健身中心的营销人员的工作是向客户售出顾客卡，当然是有效销售，而不仅仅是与消费者进行意向的讨论。(3) 延伸销售。如果顾客得到细致周到的服务，他们会向周围的人推介您的中心，这种口头的宣传是用来推销您所在健身中心的最好方法。当顾客实现了自己的奋斗目标时，他们会很乐意将他们的朋友、家人和熟人介绍给您。这就称得上是合格甚至优秀的营销人员了。那么，具体来说，营销人员应该具备怎样的素质，以及掌握哪些常用的技巧?

顾客们期望获得什么样的服务？这个问题的答案就是：专业化的服务，即服务人员在形象、服务心理与服务技能达到职业标准的服务。做到专业化服务不是一件容易的事，这需要从业人员的全心全意投入。对于休闲健身中心或企业的营销人员来说，要想提供专业化的服务，需要具备一定的素养，且能够有效实施营销过程的关键环节。

一、营销人员的培养

成功的营销人员必须做到：表示乐意帮助顾客解决问题；对顾客表现出自己的诚意和关切之情；顾客达到他们的健身目标时，要表现出极大的热情；顾客介绍他们的朋友和家人一起参加健身企业的俱乐部活动时，要表现得兴奋等。因此，工作态度、自信和积极有效的工作方法是成功的关键因素。

营销人员的素质是可以培养的，其中态度、信心和工作方法至关重要。

(一) 营销人员的服务规范

(1) 当在休闲健身中心穿行时，请保持微笑并问候顾客和其他员工。

(2) 试图记住所有将为之服务顾客的名字。

(3) 在销售的每一环节中为顾客提供周到细致的服务。

(4) 当帮助顾客和其他员工处理问题时，必须表现出理解和关照。

(5) 向每一位新顾客详细介绍其享有的权利。

(6) 对新顾客实行电话跟踪服务。

(7) 认真解答顾客提出的所有问题；如果当时无法解答，请稍后立即作出回答或将其介绍给能为他们提供帮助的员工。

(8) 必须对顾客所提出的要求表示尊重。

(9) 必须向前台员工和其他的任何需要帮助的人提供及时的帮助。

(10) 无论在岗位上或下班后，尽可能多地与所有的顾客和员工接触。

(二) 成功营销人员的品质

(1) 自信——坚信能够通过自己的努力达到目标，不管自己会遇到多大的困难。

(2) 积极向上的工作态度——始终保持乐观向上，遇到挫折后能够立即振作起来，能够从中总结经验教训并且继续努力。即使当筋疲力尽或者事情进展顺利时，仍然不会因其影响你对待其他人的工作态度。

(3) 以结识他人为乐趣——喜欢结识以前不认识的人。能轻松自如地介绍自己并迅速与他人建立良好的人际关系。

(4) 倾听技巧——能表现出极大的热情去倾听别人的言论，并努力了解不同人的不同兴趣爱好、动机和生活方式。乐于倾听并且不会打断别人或试图主宰谈话。

(5) 帮助别人的心态——乐于帮助他人实现自己的目标和帮助他人解决问题，真诚地希望他们能够获得成功。

(6) 思想开朗——当别人对自己的看法表示不同意见时，保持开朗的心态。当他人的想法比你的想法好时，要及时注意修改。

(7) 对偏见的敏感性——避免评价或谈及有关文化、社会背景、性别和长相等较为敏感的问题。尽管你有自己的观点、偏见和崇拜对象等，你不能让其影响你对顾客的态度。

(8) 充满活力——较长时间内保持积极热情、精力充沛。

(9) 有说服力——清晰地表述自己的看法以便让他人理解你的观点。说服他人时不要表现得过于急躁或者热心过头。

(10) 坚持不懈——一直不断地努力直到你成功地实现了目标；在实现自己的目标之前永不放弃，必要时可采用新的工作方法。

(11) 对产品的信任——坚信本中心体育产品或服务的质量和用途，并且坚信它能为购买者带来良好的效果。

资料链接

一名成功的营销人员是锻炼出来的，为此，他必须不断用下列三种方式提高自己。

(1) 不断地学习新知识，提升专业水平。

(2) 树立发展目标并为之付出巨大的努力。

(3) 为顾客提供完善的服务并对新业务充满热情。这里的热情不是激情，热情是一种强有力的、稳定而深刻的情感。

实践证明，最优秀的营销人员总是不断地采用新的有效途径提高自己的营销水平，他们认识到成功的营销是努力工作和不断奉献的结果。

(三) 营销时战胜困难的办法

初次进行销售工作时，营销人员会表现出极大的激情，但是不久他们就会认到销售是一项极具挑战性的工作，而且有很多的问题有待解决。当他们认识到这一点时，许多营销人员会丧失信心而一蹶不振。成功的营销人员会勇于面对这些问题并将个人问题抛诸脑后。有两种方法可供参考。

1. 转变角色

由消费者转变为服务者，由渴望成功者转变为善于成功者，需要尽快转变角色。尽管你在第一次与顾客打交道时可能会感觉不愉快，但是只要你努力与周围的人接触，熟练掌握销售的方法与规律，不久你会认识到这个问题并不难。

2. 长远目标

通过自我强化动机，集中精力实现自己的目标。为了一个目标去奋斗，可以提高勇气来面对所有的难题。

资料链接

健身企业营销人员的专业要求如下所述。

（一）外表

(1) 保证外表干净、整洁；必须特别注意头发、指甲和胡须等部位。

(2) 对穿耳的规定，唯一可以接受的标准是：男性——不戴耳环；女性——戴两只耳环。

(3) 不得将文身暴露在外。

(4) 保持工作服的整洁干净。

(5) 所穿着的衬衫不能是褪色的。

(6) 身着合身的衬衫，并且把衬衫塞进裤子里。

(7) 面部所留头发必须符合要求，并且及时修整保持整洁。

（二）姿势

(8) 在办公室里必须保持正确的坐姿，即使在打电话的时候也应如此。

(9) 注意腿的姿势，任何时候都不能将腿靠在家具或者设备上。

(10) 当与顾客交谈时，必须与顾客并肩而行。同时尽可能地面朝顾客。

（三）举止

(11) 为顾客敞开店门。

(12) 当顾客提出要求时，不要只是用手指点，必须引导他们到指定点，并且把他们介绍给他人。

(13) 双手手心朝上地将健身中心的资料交给顾客。

(14) 用一种平缓的声音和语调详细、没有遗漏地向顾客说明合同文本的内容。

(15) 记住一定要将顾客送至门口，态度和蔼友善、服务专业到位，尤其是顾客并未表示将要购买何种产品时。

（四）对产品的了解程度

(16) 专业化的销售同时还意味着必须通过阅读、培训、讲座和健康的生活方式来进一步掌握丰富的健康和健身方面的专业知识。

二、体验式营销

体验式销售是整个销售过程中最真切的部分。顾客可以体会到成为会员的真正感受。体验式销售的目的主要是向顾客展示休闲健身中心或企业将如何实现顾客所期望的目标；通过亲身尝试，满足顾客的感官和情感。体验式销售由三部分组成，即：参观健身企业，说明服务特色和利益；顾客体验或营销人员展示健身设备；描述服务产品和相关产品。应注意这三部分与顾客达成目标的关系。

（一）说明特色和利益

1. 签署认可责任豁免

在带领顾客参观体验之前，应确保他们在责任豁免书上签名。如果顾客拒绝签字，只能带其参观健身场所而不能尝试任何设备。

2. 明确服务特色与利益

特色是指能讲叙产品或服务内容特征，例如：我们的名牌跑步机是最安全的，功能是最多的。利益是指服务满足顾客目标或动机的方法，例如：这些跑步机可以有效提高你的有氧工作耐力。

3. 参观与对话

在参观过程中，有许多必须具备的对话技巧。对话应该是有目的的，营销人员主要关注的应该是问题、后果、特色、利益与顾客希望练习的方式。

拓展案例

顺序式跟进方式对话练习。

顾客："我确定需要减肥。"

1. 跟进的问题

营销人员："您想减多少？"

顾客："大概5千克。"

2. 有关后果的问题

营销人员："如果您现在不减肥会如何？"

顾客："我大学时的一个老朋友要来看我，我不能让她看到我胖了这么多。"

3. 有关利益的问题

营销人员："如果您的朋友来看您而您看上去很苗条，您会怎么想？"

顾客："那真是太棒了。"

4. 特色陈述

营销人员："健美操运动能加快你的新陈代谢并使身体脂肪燃烧更充分。"

5. 利益陈述

营销人员："一周做三次运动能减掉多余的脂肪。"

（二）器材展示与体验

1. 介绍与体验

如有可能，请顾客亲自体验健身器材。顾客在看到不同设备后会开始对参加锻炼感兴趣。一般来的顾客，其穿着并不都适宜进行全项科目的锻炼，应该鼓励其至少尝试几样设备。如果顾客对亲身体验不感兴趣，可以演示给他们看，也可以带他们结识正在锻炼的顾客。

拓展案例

顾客张先生的穿着适宜锻炼，营销人员就给他一个尝试的机会。从热身开始，包括使用跑步机、自行车、登山器等；然后演示或请他亲自尝试能帮他实现健身目标的其他设备。

张先生发现某台器材能够满足他的希望，即强化、提高或塑造肌肉，非常满意；此外，张先生说，"尝试设备让他感觉到在健身中心里的潇洒、自由和快乐"。

2. 注意事项

(1) 切勿错误传达信息：你不能错误传达自己的资历，不能在不知道答案的情况下编造答案。如有需要，可咨询经理或同事。

(2) 选择重量时应谨慎：如果顾客想尝试某种器械，必须谨慎地选择负荷，以有些阻力且不太难的负荷为宜；在顾客尝试器械时应不断地询问他们的感觉，并据此调整适宜负荷。

(3) 避免身体接触顾客：做演示时不能碰到顾客。如果为了帮忙而需要身体接触时，应征得顾客同意。

(三) 描述服务产品和相关产品

参观体验的一项重要内容为描述服务产品。顾客希望知道一旦他们成为会员，能得到什么服务。你必须能够解释以下内容。

1. 新顾客定向制度

向顾客说明他一旦成为会员，就将在其第一次来锻炼时接受定向服务。让他知道会有一名合格的指导老师为其设计和实施健身方案。

2. 后续服务支持

向顾客解释你或场内指导老师可以根据新顾客的需求设计锻炼课程、提供必要帮助并回答相关问题。

3. 额外的产品和服务

顾客对他们成为会员后可能享有的产品和服务感兴趣。这是推荐私人教练、其他零售健身产品的好时机。

三、售后服务

售后服务是指顾客同意成为会员之后所应采取的一切服务活动，其目的是：保证所有的文字工作程序已经完成，会员资格成功申请，顾客充分理解合同的所有条款；告知顾客的特权和好处，带动更多的新顾客加盟；使他们体会运动所带来的效果；保持顾客参与活动的热情与信心等。售后服务的内容主要有：策划第一次健身活动计划；对新顾客采取跟踪服务；通过经常性的评估活动找出他们的进展情况；搜集结伴健身人员的相关信息。

(一) 制定个人健身计划

如果顾客成为会员之后没能得到预期的效果，他们可能不会继续使用自己的会员权利。因此，需要保持顾客的热情与信心，减少顾客可能产生的后悔心理。这就需要根据顾客的个人目标制定详尽健身计划。

（二）跟踪服务

经验丰富的营销人员会对新会员实行跟踪服务。开展跟踪服务的一个最有效的方式就是为每一位新会员制定一套具体的跟踪服务方案。你可以从顾客所提供的相关信息入手，制定他们的第一次健身活动的计划；在最初的几次健身活动后通过打电话的方式继续执行跟踪服务方案；然后在几周以后再给他们打电话，对他们取得的进展进行跟踪记录并及时提供帮助。

（三）经常性的评价活动

在顾客成为会员之后，适时、科学地对其进行评价并合理解释是一个重要问题。在评价方面需要做的工作有：建立科学的评价指标；确定适时且稳定的评价时段；客观解释评价结果；显现健身成就；鼓励；讲明放弃成本等。

（四）搜集结伴健身人员的信息

搜集结伴健身人员的相关资料的最佳时机是在销售过程中。此时，顾客对成为新会员情绪高涨，他们会很乐意把感受告诉自己的朋友们。营销人员可以努力做到：解释结伴进行健身活动的益处；建议新会员考虑可能会同样喜欢健身中心的人和名字；签合同时递给新会员笔和纸，要求他们写上这些名字和电话号码。

资料链接

学生分为两组：一组扮演销售员的角色；而另一组则扮演顾客角色。10分钟后两组队员互换角色。可以规定顾客接受有氧练习。销售组的同学按照下面的7个步骤进行练习：自我介绍；根据可讨论的问题获得一些背景资料；提出限制性问题，决定顾客的具体需求；提供服务；指导顾客进行锻炼，提供相关资料或者制定健身计划；讨论健身方案；恳求顾客提供其朋友的姓名（说明结伴健身的好处和介绍促销活动的内容）；发出邀请。

完成上述练习后，回答以下问题：你能向顾客提供什么样的服务？当你表示愿意提供帮助的时候对方是否欣然接受？你使用了什么样的销售技巧？你是如何应用这些技巧的？

拓展案例

介绍是给顾客留下良好印象的重要机会。在介绍中涉及的销售技巧如下所述。

（一）问候顾客与自我介绍

温和、简单的问候通常会取得事半功倍的效果，例如：“您好，我是张华。您喜欢被称为李先生还是李经理？”问候顾客时最好真诚地与顾客握手，如果顾客不接受握手的方式，需收回后保持自然方式。

（二）打破沉默

可以通过提出谈话式的问题打破沉默；同时，发展与顾客之间的关系并建立顾客对你的信任：“王先生，您今天能来这儿真让我高兴。您是从哪儿得知我们健身中心的?”

（三）提出期待

当顾客第一次来健身中心的时候，他们常常感觉有些拘束。这是一个新的环境，他们可能不太确定会有哪些事情发生。应事先解释些问题，例如，与顾客将要进行的一系列活动及具体的原因。

（四）提问、倾听与观察技巧

1. 提问的技巧

向顾客提出第一个问题时不能过于唐突，而且必须易于回答。限制性的问题是顾客容易回答的问题，顾客只需要回答“是”、“不是”或者做出选择性的回答；可讨论性问题要求顾客做出具体回答，它有助于你及时掌握大量信息。

2. 倾听的技巧

凝神倾听顾客的言谈能体现出你对他们的关注。可以通过点头、眼睛接触和言谈表明你正在专心致志地倾听他们的谈话；千万不要打断顾客的谈话。

3. 观察的技巧

注意他的衣着、身体语言、文化水平、面部表情和语音等；记住观察顾客的反应。

（五）复杂情况及其处理

作为营销人员，你经常会遇到一些复杂情况。面对复杂的情况，必须保持镇静、彬彬有礼和举止文雅，对顾客表示理解，然后让他们知道你所做的工作是一件有意义的事情。

知识链接

一、销售周期和营销途径

（一）销售周期

销售周期是销售过程基本环节的有序综合。健身企业的销售周期具有鲜明的特色。每个环节对于销售都有针对性并且都很重要。

1. 介绍

介绍包括介绍自己、介绍企业和介绍产品。介绍是最初的一环，也是重要的一环。因为在最初几分钟，顾客会立刻判断是否信赖以及喜欢营销人员。除了语言交流以外，一些细节如外表、身体语言和语音语调对成功销售都会有重大影响。

2. 揣测顾客的大概意图

顾客的目标、动机和情感的强弱是不同的。揣测顾客的大概意图，可得到有关每位顾客的相关信息。

3. 巡视

引领顾客去巡视是必要的。当顾客四处巡视时，有些信息能暗示顾客的真实意图。巡视包括向他们展示健身企业所有区域的情况以及指出每位顾客可以从中所获得的实际利益，还可以利用这个机会让他们试用体验健身设备；同时，这也是与顾客交流的机会。

4. 扼要重述

扼要重述是对介绍产品的重复和对目标、情感和动机的试探性复述。这样做的目的是简要概述或确认与顾客谈话的内容。这时必须提醒顾客认识到能够帮助他们实现自己的目标。

5. 推介产品

向顾客推介几种选择并表示希望他们成为会员。当然推介的内容一定是可行的、肯定性的选择。

6. 售后服务

大多数销售的观点认为，后期的服务也是销售的一部分，就像服务无止境一样，销售也是无止境的。顾客决定成为会员并不意味着销售的结束。准确履行第一次健身活动的约定并邀请新顾客带朋友来健身中心是非常重要的，这需要营销人员乐于助人，提供优质服务和推销自己。

成功的营销人员不会消极地等待顾客自己上门。通过顾客登记表、社区调查、免费参观登记表等渠道，营销人员会获得大量的潜在新顾客，再用电话联系与推销可以转变潜在的顾客为“参观”顾客。当然，这些潜在的顾客来参观是第一步，然后通过各相关环节，完成销售。

（二）营销途径

1. 贵宾卡方法

贵宾卡实际是一种免费的体验卡，其发放目的是希望顾客能够眷顾你的健身中心，未必加入。赠送贵宾卡应关注时机，例如参加社交活动时、在超市时等，都可以向别人赠送贵宾卡。同时，也可以要求他们转送给朋友、家人和同事等。最好在与他们交谈时赠送贵宾卡，当与他们聊天时，告诉他们有关中心的一些情况，他们会对这个话题感兴趣；一旦发现他们有兴致，就可以约定时间邀请他们到中心参观。

2. 报名抽奖单方法

填写报名抽奖单是寻找新客户源的一种有效方式。人们往往会写上自己的姓名和联系方式以便能获得抽奖的资格。人们填写这些表单出于一个目的——他们正在考虑如何实现完美的体态。通常，他们所需要的是有人能够鼓励他们为实现自己的目标而努力。

3. 其他方法

市场营销的方法还有广告、大型活动、网络营销、电话营销等。

二、售后服务中的营销练习

（一）了解顾客的朋友

了解顾客的朋友，首先要得知其名字，可以利用以下几种时机。

1. 销售过程中的交流

当顾客刚刚决定成为会员时，他们情绪激昂，会很乐意地告诉他们的朋友有关中心的信息。如果体会到了细致的服务，顾客可能会把销售人员的名字告诉朋友们或者有可能将朋友的名字告诉销售人员。

2. 新顾客领取《新顾客须知》时

这是发展其他新会员的一个最佳时机，通过对新会员的跟踪服务，可以得知其他可能会对健身运动感兴趣人的名字。

3. 顾客进行健身运动的过程中

即指导顾客进行体育锻炼并提供科学的营养搭配建议的时候。如果帮助他们实现了自己的目标，他们会邀请自己的朋友加入其中。

（二）得到自己所需信息的步骤

1. 自我介绍

例如："您好。我是……很遗憾我以前没有机会认识您。我是这家健身中心的指导老师。"

2. 提出可讨论的问题

例如："您通常会多长时间锻炼一次?"

3. 提出限制性的问题

例如："我能给您做一个示范吗?"

4. 提供服务

例如："指导他们进行锻炼；制定锻炼计划；进行体检；提出营养方面的建议等。"

5. 讨论健身计划

例如："您的主要目的是使胸大肌更加强健，您可以参考《胸大肌健身指南》，它能帮助您更快地实现自己的目标。只是您必须按照上面的步骤进行，不能使自己过于劳累。"

6. 恳求顾客提供其朋友的姓名

例如："如果您与别人结伴进行锻炼，可以激励您的情绪和意志，以便更快地实现健身目标。您认为朋友当中谁对您的激励最大，谁会使用赠券进行锻炼呢?"

7. 发出邀请

可以引领顾客的朋友参观健身中心；讨论他们的健身目标；提供锻炼机会；告诉他们不同健身方案的相关内容等。

参考文献

[1] 张清澍等编著. 体育舞蹈. 北京：北京体育大学出版社，1997.

[2] 张锦华等编著. 台球入径与实战技巧. 北京：农村读物出版社，2000.

[3] 周兵等编著. 休闲体育. 桂林：广西师范大学出版社，2001.

[4] 陶志翔主编. 保龄球运动入门. 南京：江苏科学技术出版社，2001.

[5] 王希升等编著. 网球打法与战术. 北京：人民体育出版社，2001.

[6] 刘哲著. 康乐服务与管理. 北京：旅游教育出版社，2001.

[7] 胡晓明，虞重千主编. 体育休闲娱乐理论与实践. 北京：高等教育出版社，2004.

[8] 吴克祥，周昕主编. 饭店康乐经营管理. 北京：中国旅游出版社，2004.

[9] 李莉编著. 现代酒店礼仪规范. 长沙：湖南科学技术出版社，2005.

[10] 金正昆编著. 服务礼仪. 北京：北京大学出版社，2005.

[11] 姚鸿恩等编著. 体育保健学. 北京：高等教育出版社，2005.

[12] 刘淑慧主编. 体育心理学. 北京：高等教育出版社，2005.

[13] 闫旭峰主编. 休闲体育服务礼仪与技能. 北京：中国劳动社会保障出版社，2005.

[14] 刘大力主编. 体育产业经营与管理知识. 北京：中国劳动社会保障出版社，2005.

[15] 卢峰著. 休闲体育学. 北京：人民体育出版社，2005.

[16] 徐佶. 当代中国休闲体育及其兴起背景. 广州体育学院学报，2005 (5)：115-117.

[17] 周丽君. 论休闲体育和健康的生活方式. 浙江体育科学，2005 (2)：30-33.

[18] 狄振鹏著. 服务营销技巧. 北京：北京大学出版社，2006.

[19] 赵立，霍建新，马雷主编. 经营性健身场所的服务营销与管理. 北京：高等教育出版社，2007.

[20] 周文编著. 体育与休闲. 长沙：湖南大学出版社，2007.

[21] 刘亚云，黄晓丽主编. 休闲体育. 湖南：湖南师范大学出版社，2007.

[22] 劳动和社会保障部教材办公室编著. 康乐服务员. 北京：中国劳动社会保障出版社，2007.

[23] 王建平. 我国休闲体育的现状与对策. 哈尔滨体育学院学报，2007 (5)：

85-87.

［24］石振国等．近年来我国休闲体育领域的研究成果评述．山东体育学院学报，2008（1）：33-36.

［25］刘令妹等主编．健身房百问——专业教练带你走进健身房．北京：北京体育大学出版社，2008.

［26］钱利安著．休闲体育理论与实践调查研究．杭州：浙江大学出版社，2008.

［27］李玫主编．康乐服务实训教程．北京：机械工业出版社，2008.

［28］严霄霏译．沟通的艺术．北京：北京师范大学出版社，2009.

［29］刘平江主编．体育俱乐部的经营与管理．北京：北京航空航天大学出版社，2009.

［30］韩俊编著．瑜伽：初学到高手．北京：中国轻工业出版社，2010.

［31］刘海燕．我国休闲体育发展：现状与对策．华南师范大学学报（社会科学版），2010（1）：141-143.

［32］张贵敏主编．体育市场营销学．上海：复旦大学出版社，2009.

［33］吴飞美编著．市场营销学．北京：对外经济贸易大学出版社，2010.

［34］孙晓平，安茂波编著．没有电脑，古人玩什么．北京：东方出版社，2010.

［35］俞金英，张启明主编．休闲体育经营与管理．厦门：厦门大学出版社，2011.

［36］http://club.topsage.com/thread-2205419-1-1.html.

［37］http://www.nirvana.com.cn/about/gsbj.asp.

［38］http://news.xinhuanet.com/2011-05/12/c_121406468.htm.

［39］http://news.xwhb.com/news/system/2011/05/06/010180631.shtml.

［40］http://www.fuxunjiaoyu.com/news.asp?id=82.

［41］http://finance.sina.com.cn/leadership/mroll/20110414/14579689867.shtml.

［42］http://news.sina.com.cn/o/2009-03-24/125415358864s.shtml.

［43］http://www.lotour.com/snapshot/2005-1-23/snapshot_13724.shtml.

［44］http://baike.baidu.com/view/190966.htm.

［45］http://www.gov.cn/zwgk/2006-02/13/content_187029.htm.

［46］http://www.jianshen114.com/u/蓝翅/UserDomain.aspx/AboutCompany.

［47］http://www.bj-kdty.cn/about.asp.

［48］http://beijing.edeng.cn/jiedaoxinxi/14799938.html.

［49］http://www.docin.com/p-33891408.html.

［50］http://www.people.com.cn/h/2011/0608/c25408-2557020768.html.

图书在版编目（CIP）数据

休闲体育/屠强主编. —北京：中国人民大学出版社，2012.3
ISBN 978-7-300-15374-2

Ⅰ.①休… Ⅱ.①屠… Ⅲ.①群众体育-教材 Ⅳ.①G811.4

中国版本图书馆 CIP 数据核字（2012）第 038661 号

休闲体育

主编 屠 强

主审 侯广旭

出版发行 中国人民大学出版社

社 址 北京中关村大街 31 号 邮政编码 100080

电 话 010－62511242（总编室） 010－62511398（质管部）

010－82501766（邮购部） 010－62514148（门市部）

010－62515195（发行公司） 010－62515275（盗版举报）

网 址 http://www.crup.com.cn

http://www.ttrnet.com（人大教研网）

经 销 新华书店

印 刷 涿州市星河印刷有限公司

规 格 185 mm×260 mm 16 开本 版 次 2012 年 4 月第 1 版

印 张 11 印 次 2018 年 3 月第 2 次印刷

字 数 242 000 定 价 26.00 元

教师信息反馈表

为了更好地为您服务，提高教学质量，中国人民大学出版社愿意为您提供全面的教学支持，期望与您建立更广泛的合作关系。请您填好下表后以电子邮件或信件的形式反馈给我们。

<table>
<tr><td>您使用过或正在使用的我社教材名称</td><td colspan="2"></td><td>版次</td><td></td></tr>
<tr><td>您希望获得哪些相关教学资料</td><td colspan="4"></td></tr>
<tr><td>您对本书的建议（可附页）</td><td colspan="4"></td></tr>
<tr><td>您的姓名</td><td colspan="4"></td></tr>
<tr><td>您所在的学校、院系</td><td colspan="4"></td></tr>
<tr><td>您所讲授课程的名称</td><td colspan="4"></td></tr>
<tr><td>学生人数</td><td colspan="4"></td></tr>
<tr><td>您的联系地址</td><td colspan="4"></td></tr>
<tr><td>邮政编码</td><td></td><td>联系电话</td><td colspan="2"></td></tr>
<tr><td>电子邮件（必填）</td><td colspan="4"></td></tr>
<tr><td>您是否为人大社教研网会员</td><td colspan="4">□ 是，会员卡号：____________
□ 不是，现在申请</td></tr>
<tr><td>您在相关专业是否有主编或参编教材意向</td><td colspan="4">□ 是　　　□ 否
□ 不一定</td></tr>
<tr><td>您所希望参编或主编的教材的基本情况（包括内容、框架结构、特色等，可附页）</td><td colspan="4"></td></tr>
</table>

我们的联系方式：北京市海淀区中关村大街 31 号
中国人民大学出版社教育分社
邮政编码：100080
电话：010-62515912
网址：http://www.crup.com.cn/jiaoyu/
E-mail：jyfs_2007@126.com